Hinduismus zur Einführung

Andreas Becke

Hinduismus zur Einführung

JUNIUS

Dedicated to
Ambika Datta Sharma

Junius Verlag GmbH
Stresemannstraße 375
22761 Hamburg

Umschlaggestaltung: Florian Zietz
Titelfoto: Archiv für Kunst und Geschichte, Berlin
Satz: Druckhaus Dresden GmbH
Druck: Druckhaus Dresden GmbH
Printed in Germany 1996
ISBN 3-88506-934-2
1. Auflage Oktober 1996

Die Deutsche Bibliothek – CIP-Einheitsaufnahme

Becke, Andreas:
Hinduismus zur Einführung / Andreas Becke. – 1. Aufl. –
Hamburg : Junius, 1996
(Zur Einführung ; 134)
ISBN 3-88506-934-2
NE : GT

Inhalt

Anhang

»Des Morgendlands ahnende, blütenreiche Weisheit
erkämpfte zuerst der neuen Zeit Beginn.«
Novalis

Vorwort

Einmal wurde ich gefragt, ob der Hinduismus die älteste Religion sei. Die Schriften, die Traditionen, die Rituale seien schließlich Jahrtausende alt. – Gewiß, antwortete ich, einiges ist seit vielen Jahrhunderten überliefert. Aber genau genommen ist der Hinduismus eine ziemlich junge Erfindung, hervorgerufen durch die Präsenz Europas in Indien und die Reaktion der Inder darauf: vielleicht einhundert bis zweihundert Jahre alt. Meine Antwort vermochte in der Kürze kaum zu befriedigen. Also beschloß ich, dieses Buch zu schreiben.

Um meine These zu verdeutlichen, daß der Hinduismus im letzten Jahrhundert in Indien entstanden ist, und weil ich Mißverständnisse möglichst vermeiden will, muß ich zunächst in der Einleitung das Problem des Hinduismus darlegen, dann erläutern, was ich unter Religion verstehe, und erklären, was für mich ein System ist. Erst dann kann ich zeigen, wie und wann der Hinduismus meiner Meinung nach in der Moderne entstanden ist. Der Hauptteil schildert knapp die »Geschichte« und »Lehre« des Hinduismus, erläutert Grundbegriffe, erklärt die

Wiedergeburtslehre und die Erlösungsvorstellung, beschreibt die wichtigsten Gottheiten, erzählt etwas über die Mythen und führt schließlich ein in die indische Philosophie, zu der unter anderem Yoga gehört. Das Schlußkapitel versucht, die Ausdifferenzierung des Hinduismus nachzuzeichnen und den Blick für die Parallele zwischen Hinduismus und Fundamentalismus zu eröffnen. Im Anhang befindet sich eine übersichtliche Zeittafel, sowie eine Liste allgemeiner weiterführender Literatur. Spezielle weiterführende Literatur findet sich in den Anmerkungen.

Auf diakritische Zeichen habe ich vollständig verzichtet: ich schreibe also beispielsweise *Shiva* anstatt *Śiva*. Indologen mögen das bedauern, aber dieses Buch wendet sich nicht an Indologen, sondern als Einführung an eine breitere Öffentlichkeit. Die hier verwendeten indischen Begriffe haben ohnehin Einzug in europäische Sprachen gehalten. Ich gebrauche die international übliche englische Schreibweise, damit Reisende nach der Lektüre auch in Indien sich verständigen können: ich schreibe also *Vishnu* anstatt *Wischnu* oder Shiva und eben nicht *Schiwa*.

Das Buch hätte ich nicht schreiben können ohne das, was ich während meines kurzen Studiums an der Banaras Hindu University gelernt habe. Besonders zu Dank verpflichtet bin ich Professor Rewati Raman Pandey und meinen Freunden in Varanasi, Rajaneesh Shukla und Ambika Datta Sharma, dem ich das Buch widmen möchte. Für Korrekturen und Hinweise danke ich Thomas Hase und den Professoren Peter Antes, Detlef Horster und Heinrich von Stietencron. Anregungen habe ich auch von Freunden erfahren, die hier nicht alle genannt werden können. Auch ihnen sei an dieser Stelle herzlich gedankt.

Varanasi, im März 1996 *Andreas Becke*

1. Was ist Hinduismus?

Wenn man morgens früh durch die engen Gassen der berühmten Pilgerstadt Benares zu den Ghats, den Badetreppen, kommt, sind schon Badende in den heiligen Wassern des Ganges: Frauen und Männer waschen sich oder stehen zähneputzend bis zur Hüfte im Wasser, tauchen unter oder murmeln Mantras. Am Ufer üben andere Yoga. Gleich nach ihrem Aufgang spürt man die ungeheure Kraft der Sonne. Wenige Schritte entfernt brennen Leichen auf ihren Scheiterhaufen. Man sagt, die heiligen Feuer in Benares würden nie erlöschen, denn die Verbrennungsstätten befinden sich nicht, wie sonst in Indien üblich, außerhalb der Stadt, sondern hier werden die Toten mitten in der Stadt am Ufer des Ganges verbrannt und hinterher dem Fluß übergeben, weil Stadt und Fluß als heilig gelten. Wer hier stirbt, ist der Erlösung ein Stück näher. Manchmal zerrt ein Hund an einer Leiche und versucht, ein Stück Fleisch zu ergattern; aber meistens wird er vorher verjagt. Kühe, Büffel, Hunde, Ziegen, Affen, zahllose Insekten und hier und da mal eine Ratte leben an dieser – wie Europäer sagen – »heiligsten« Stätte des Hinduismus, aber das stört die Hindus nicht, ihren religiösen oder alltäglichen Pflichten nachzukommen. Es fiel mir immer schwer, wenn ich dort saß und den Menschen zusah, zu sagen, welche Handlung religiös sein könnte und welche nicht. Vielleicht wissen die Inder gar nicht, daß sie an einer »religiösen« Stätte oder einem »heiligen« Ort wohnen, leben und arbeiten. Zahllose

Pilger kommen zwar Tag für Tag und Jahr für Jahr nach *Kashi*, in die Stadt des Lichts, wie Benares von ihnen genannt wird. Aber die Unterscheidung zwischen religiösen und nicht-religiösen Handlungen, zwischen Religion und Gesellschaft, ist eine moderne, europäische Unterscheidung. Dieser Eindruck bestätigt sich, wenn man bedenkt, daß die indischen Sprachen gar kein Wort für Religion kennen.[1] Kann man daraus schließen, daß die Inder keine Religion haben? Und was ist dann der Hinduismus?

Innerhalb der Weltreligionen nimmt der sogenannte Hinduismus eine Sonderstellung ein: Kein Dogma, kein Glaubensinhalt und kein Ritual lassen sich finden, dem alle Hindus anhängen; von Dorf zu Dorf in Indien können religiöser Glaube und Rituale differieren. Der Hinduismus ist keine Stifterreligion: Es gibt keine historische Persönlichkeit, die den Hinduismus begründet hätte – wie etwa Jesus das Christentum, Mohammed den Islam oder Buddha den Buddhismus. Dem Hinduismus liegt nicht *eine* Schrift zugrunde wie dem Christentum die Bibel oder dem Islam der Koran. Viele Schriften entstammen der indischen Kulturtradition, deren Aussagen alles andere als eine einheitliche Lehre bilden.

Aufgrund dieser Mannigfaltigkeit an Praktiken und Glaubensinhalten wurde interpretiert, daß der Hinduismus eigentlich nicht *eine* Religion sei, sondern aus mehreren einzelnen Religionen bestehe. So schreibt beispielsweise der Indologe und Religionswissenschaftler Heinrich von Stietencron, daß der Begriff »Hinduismus« eine Gruppe zwar miteinander verwandter, aber durchaus verschiedener Religionen, die in Indien entstanden sind, zu einer Einheit zusammenfasse.[2] Der Hinduismus ist nach Stietencron gar keine Religion, sondern ein *Kollektiv von Religionen.* »Hinduismus« wäre demnach ein Oberbegriff für verschiedene Religionen wie der Begriff der »abrahamitischen

Religionen«, der Judentum, Christentum und Islam zusammenfaßt.[3]

Indem man das Problem der Mannigfaltigkeit und Uneinheitlichkeit der hinduistischen Erscheinungsformen auf verschiedene, kleinere Religionen verlagert, wird es aber nur scheinbar gelöst, denn inzwischen sprechen die Inder selbst von »Hinduismus«. An anderer Stelle schreibt von Stietencron sogar: »Heute weiß man, ohne dies zugeben zu wollen, daß der Hinduismus nichts ist als eine von der europäischen Wissenschaft gezüchtete Orchidee. Sie ist viel zu schön, um sie auszureißen, aber sie ist eine Retortenpflanze: In der Natur gibt es sie nicht.«[4] – Warum dann aber eine Einführung über etwas lesen, das es gar nicht gibt?

Die Problematik des Begriffs »Hinduismus«

Nicht die Inder selbst haben ihre Religion »Hinduismus« genannt: Schon die Wortbildung mit der Endung »-ismus« zeigt deutlich, daß es sich dabei um eine europäische Bezeichnung handelt.[5] Ursprünglich bedeuten »Inder« und »Hindu« dasselbe; beide Wörter stammen von dem persischen »Hindu«, mit dem im Singular der Fluß Indus bezeichnet wurde sowie das Land, das der Indus durchfließt – das heutige Pakistan. Im Plural bezeichnete es die »Leute vom Indus«: die, die an diesem Fluß bzw. dahinter wohnen. Die alten Griechen nannten den Fluß »Indos«, wovon wiederum die deutschen Wörter »Indien« und »Inder« abgeleitet sind.

Als im 8. Jahrhundert n. Chr. die ersten arabischen Muslime im Industal einfielen, verwendeten sie das Wort »Hindu« im Sinn von »Nicht-Muslim«. Inder, die zum Islam konvertierten, waren Muslime, alle anderen Hindus. Dadurch bekam der Begriff

»Hindu« erstmals einen religiösen Beigeschmack. Als dann europäische Kaufleute und christliche Missionare ab dem 16. Jahrhundert nach Indien kamen, übernahmen sie die Begrifflichkeit der Muslime und gelangten zu der Ansicht, Hindus seien die Angehörigen einer Religion. Damit hatten die Bezeichnungen »Inder« und »Hindu« erstmals verschiedene Bedeutungen. Europäer erfanden dann den Begriff »Hinduismus«.

Der Hinduismus bezeichnet also zunächst – auch wenn der Begriff es suggeriert – keine irgendwie geartete Einheit, sondern eine religiös-kulturelle Vielfalt, die nicht klar gegenüber anderen Religionen abgegrenzt ist. Der Hinduismus wird traditionell in der europäischen Religionswissenschaft durch das definiert, was er nicht ist: nämlich nicht Buddhismus, nicht Islam, nicht Jainismus, nicht Sikhismus, nicht Parsismus, nicht Christentum usw.[6] In Indien dagegen werden Buddhismus, Jainismus und Sikhismus heute als verschiedene Zweige der gleichen Tradition verstanden. Hindus sind somit aus europäischer Sicht alle Inder, die sich nicht ausdrücklich zu einer anderen Religion bekennen. Der »Hinduismus« als etwas Einheitliches ist zunächst eine europäische Erfindung, denn es gab keine einheitliche Religion, sondern (nur) die unterschiedlichsten und verschiedenartigsten Formen der indischen Religiosität und Heilswege, die sich im Laufe der Zeit auf dem indischen Subkontinent entwickelt haben, kurz: Der Hinduismus als einheitliche Religion ist ein europäisches Mißverständnis.

Was ist Religion?

Das Wort »Religion« hat seine Wurzel im Lateinischen und gelangt erst in der Neuzeit – in der ersten Hälfte des 16. Jahrhunderts – in die deutsche wie in andere europäische Sprachen.[7]

Damit findet eine Trennung von Religion und gesellschaftlicher Umwelt erst in der Neuzeit statt. Etymologisch stammt »Religion« von lat. *religio*, das von *religare* (»zurückbinden«) bzw. von *relegere* (»wieder erwägen«) abgeleitet ist. »Religio« ist nach Cicero das Wiedererwägen des Kultes zur Verehrung der Götter in seinen vielfältigen Erscheinungsformen oder nach Laktanz die Gebundenheit an Gott.[8]

Religion meint zunächst Christentum.[9] In Anlehnung an diese Verwendungsweise gestand man den alten Griechen und Römern, den Germanen oder Indianern und den Juden und Muslimen das Prädikat »Religion« zu, ohne dabei die soziale Wirklichkeit der entsprechenden Völker mitzuberücksichtigen. So ist zum Beispiel die Trennung von Religion und Politik für den Islam gar nicht durchführbar. Diese Trennung setzt nämlich das europäische Religionsverständnis voraus: Man bezeichnet mit »Religion« einen gesellschaftlichen Sachverhalt und unterscheidet ihn damit von anderen Bereichen der Gesellschaft wie Politik oder Wirtschaft. »Religion« bezeichnet ein europäisches Phänomen; diesen Begriff gibt es nicht mit annähernd ähnlichem Bedeutungsumfang in außereuropäischen Sprachen.

Karl Marx hatte (im Anschluß an Ludwig Feuerbach) Religion als ein gesellschaftsimmanentes Moment erkannt, wie dies in der Formulierung, daß der Mensch die Religion mache, die Religion aber nicht den Menschen, zum Ausdruck kommt. Nur so konnte er in der Kritik der Religion die Voraussetzung aller Kritik sehen und die Aufhebung der Religion fordern.[10] Auf dieser Grundlage, daß die Gesellschaft Religion produziere, konnte Emile Durkheim Religion als ein »Ding von Wirklichkeitsgehalt« interpretieren und Religion als ein soziales Phänomen mit entsprechenden Funktionen fassen. Im Gegensatz zu Comte oder Marx sah er aber Religion nicht als Integrationsmechanismus vorwissenschaftlicher Gesellschaften. In seinem Buch *Die elementaren Formen des religiösen Lebens* analysiert er die Religion als eine eminent soziale Angelegenheit, denn alle religiösen Vorstellungen seien zugleich »Kollektivvorstellungen, die Kollektivwirklichkeiten ausdrücken; die Riten sind Handlungen, die nur im Schoß von versammelten Gruppen entstehen können und die dazu dienen sollen, bestimmte Geisteszustände dieser Gruppen aufrechtzuerhalten oder wieder herzustellen.«[11] Alle Religion sei zugleich auch eine Kosmologie und eine Spekulation über das Transzendente. In seiner Theorie sind die Wissenschaften und die Philosophie dann aus der Religion entstanden, »weil die Religion selbst zuerst Wissenschaft und Philosophie gewesen« sei. Im ersten Kapitel dieses Buches versucht Durkheim »Religion« zu definieren in bezug auf die Gottesidee. Er zeigt als erster, daß diese Definition nicht sinnvoll sein kann, denn da der Buddhismus gerade davon ausgeht, daß es keinen Gott gibt, wäre dieser demnach gar keine Religion. Trotzdem enthält der Buddhismus vieles, was allgemein unter Religion gefaßt wird, so daß Durkheim zu dem Schluß kommt, daß die Religion über die Götter- oder Geisteridee hinausgehe und nicht ausschließlich in bezug auf sie definiert werden könne.[12]

Allein die Antwort, Religion sei der Glaube an Gott, reicht also nicht aus.[13] Wissenschaftstheoretisch kann diese Antwort schon deshalb nicht befriedigen, weil sie zu sehr dem Christentum verhaftet bleibt. Mit einer solchen Definition werden zwar das Judentum und der Islam miteingeschlossen; der Hinduismus teilweise und der Buddhismus insgesamt jedoch fallen mit einer solchen Definition heraus. Schon in bezug auf die sogenannten Weltreligionen ist diese Religionsauffassung unbrauchbar. Selbst die geschicktere Formulierung von Gustav Mensching, Religion sei die erlebnishafte Begegnung mit dem »Heiligen« und antwortendes Handeln des vom »Heiligen« bestimmten

Menschen, löst diese Definitionsproblematik nicht.[14] Geschickter war diese Formulierung zwar deshalb, weil sie ausdrücklich sowohl religiöses Handeln auf der einen Seite als auch atheistische Religionen wie den Buddhismus auf der anderen miteinschließt; dies aber um den Preis, das »Heilige« als wissenschaftliche Kategorie einzuführen, als erweiterten Gottesbegriff, ohne ihn definieren zu können.[15]

Hier wird der Vorschlag gemacht, die Erkenntnis von Marx und Durkheim beizubehalten, daß Religion etwas Innergesellschaftliches ist, um dann im Anschluß an Niklas Luhmann Religion als ein Subsystem in der modernen Gesellschaft zu verstehen. Dies hat den Vorteil, Religion weder als Phänomen sui generis fassen zu müssen noch die Existenz von Religion zu leugnen. Die Art und Weise, wie Religion ist, wird so als die gleiche Seinsweise bestimmt, die Politik, Wirtschaft, Recht oder Wissenschaft haben. Auf dieser Grundlage kann dann der Hinduismus als Religion interpretiert werden. Zuerst muß dafür kurz der Systembegriff der neueren Forschung erläutert werden.

Religion als System

Ein System ist nichts anderes als eine Einheit, bei der es ein Innen und ein Außen gibt; d. h., ein System hat eine Grenze *(Differenz)* zu seiner Umwelt. Systeme sind Ganzheiten, die sich konstituieren und erhalten, indem sie eine Differenz zur Umwelt erzeugen und erhalten. Durch diese Grenze ist das System von seiner Umwelt unterschieden. Natürlich kann es in der Umwelt eines Systems weitere Systeme geben, aber die Umwelt selbst ist kein System, da sie ja keine Grenze hat. Umwelt ist hierbei nur negativ bestimmt: Die Umwelt ist das, was nicht System ist. Die Umwelt ist für jedes System eine andere: »Umwelt ist ein systemrelativer Sachverhalt. Jedes System nimmt nur sich aus seiner Umwelt aus«[16], schreibt Luhmann.

Innerhalb von Systemen können sich (Teil- oder) Subsysteme ausdifferenzieren: Systemdifferenzierung bedeutet, daß Systembildung im System wiederholt wird. Nach diesem Theoriedesign ist Differenzierung ein dynamischer Prozeß: Grenzziehung (Differenzierung) ist eine Leistung des Systems, das sich damit selbst schafft, und Grenzerhaltung ist Systemerhaltung, denn nur durch die Abgrenzung gegenüber seiner Umwelt erhält sich das System. Die Grenze eines Systems gegenüber seiner Umwelt hat eine Doppelfunktion: Sie ist zugleich Trennung und Verbindung von System und Umwelt. Damit entfällt die alte Diskussion um geschlossene und offene Systeme in diesem Paradigma der System/Umwelt-Differenz, denn alle Systeme sind zugleich offen und geschlossen: Alle Systeme sind insofern offen, als sie immer Umweltkontakt haben, und sie sind insofern (operational) geschlossen, als sie nicht mit der eigenen Operation in der Umwelt operieren können, denn das würde die Differenz aufheben. Die Frage stellt sich nun: Wer trifft diese Unterscheidung, die das System von seiner Umwelt trennt? – Antwort: Entweder ein externer Beobachter *(Fremdreferenz)*, wie zum Beispiel ein Wissenschaftler, oder aber das System selbst *(Selbstreferenz)*.

Selbstreferenz bedeutet also nichts anderes, als daß sich das System selbst erzeugt und selbst erhält.[17] Nun ist es wissenschaftlich legitim (und notwendig), Unterscheidungen zu treffen und beispielsweise fremdreferentiell die Handlungen der Inder in religiöse und andere einzuteilen. Auf diese Weise gelangt die Religionswissenschaft zu einer Strukturierung der Religionen. Dabei bleibt jedoch die Frage offen, mit welchen Unterscheidungen die Inder selbst operieren, welche Struktur die indische Gesellschaft selbst hat.[18]

Die Methode, diese Struktur zu entdecken, heißt Phänomenologie.[19] »Zu den Sachen selbst!« lautete die vielzitierte Maxime der phänomenologischen Bewegung; oder wie Heinrich Rombach formulierte: »Ob etwas Sehen ist, also Phänomenologie genannt werden kann, hängt allein davon ab, ob es zu *zeigen* fähig ist.«[20] Die Struktur zu sehen, heißt nach Rombach, phänomenologisch zu sehen.[21] Und das bedeutet zu sehen, daß sich für den Fall des Hinduismus die Struktur die Verfassung eines selbstreferentiellen Systems gegeben hat.

Selbstreferentielle Systeme sind also keine bloßen gedanklichen Konstruktionen oder Modelle von externen Beobachtern, sondern der Systembegriff steht für einen realen Sachverhalt. Selbstreferentielle Systeme haben sich selbst hervorgebracht, d. h., sie existieren real: »Für einen (wissenschaftlichen) Beobachter mag dann immer noch analytisch unklar bleiben, wie die Grenzen verlaufen, aber das rechtfertigt es nicht, die Abgrenzung von Systemen als eine analytische Bestimmung anzusehen (anders natürlich, wenn es um Abgrenzung von Untersuchungsobjekten geht!).«[22]

Modernisierung und Säkularisierung in Indien

Mit Modernisierung ist jener historische Entwicklungsprozeß der Gesellschaft gemeint, der im ausgehenden Mittelalter – zu Beginn der Neuzeit – anläuft und nachhaltige Veränderungen des gesamten Sozialgefüges mit sich bringt. Modernisierung beginnt zunächst in Europa, breitet sich dann aber – vor allem im Zuge der Kolonisation – über die ganze Welt aus, also auch nach Indien. Mit anderen Worten: »Modernisierung verweist auf einen Komplex miteinander zusammenhängender struktureller, kultureller, psychischer und physischer Veränderungen, der sich in den vergangenen Jahrhunderten herauskristallisiert und damit die Welt, in der wir augenblicklich leben, geformt hat und noch immer in eine bestimmte Richtung lenkt.«[23] Dieser Prozeß läßt sich nicht monokausal erklären. Teilaspekte der Modernisierung wie Rationalisierung, Differenzierung, Technisierung, Industrialisierung, Urbanisierung und Individualisierung müssen als sich wechselseitig bedingend aufgefaßt werden. Man blickt nun erwartungsvoll in die Zukunft und ist innovativ – eben modern. Traditionen, Sitte und Brauchtum werden mehr und mehr verworfen. Versuche, diesem Prozeß entgegenzuwirken, werden zumeist als »Fundamentalismus« stigmatisiert.

Dieses historisch-evolutionäre Geschehen beschreibt Luhmann als *Ausdifferenzierung der Gesellschaft*: Die moderne Gesellschaft ist nicht mehr schichtenmäßig aufgebaut wie die Ständegesellschaft des Mittelalters, sondern sie ist differenziert durch Subsysteme (wie Religion, Politik, Wirtschaft, Recht), die sich innerhalb der Gesellschaft herausbilden und zu einer Steigerung von Komplexität führen. Luhmann beschreibt die Modernisierung allgemein als einen Umbau der Gesellschaft von einer stratifikatorisch zu einer funktional differenzierten Gesellschaft. In der primär funktional differenzierten Gesellschaft nimmt nicht mehr die Gesellschaft als ganze Bezug auf Probleme, sondern die autonomen Subsysteme je selbst.[24]

Wie alle hochentwickelten, vormodernen Agrargesellschaften beruht auch die indische auf Stratifikation; das heißt, sie benutzt Schichtung als ihr primäres Einteilungsprinzip. Traditionell gliedert sich die indische Gesellschaft in verschiedene Kasten. Alle Personen gehören über die Familie, der sie angehören, einer und nur einer Kaste an.[25] Das ist bis heute weitgehend so, denn fast achtzig Prozent der indischen Bevölkerung wohnt auf dem Land. Durch Modernisierung, vor allem durch die damit zusammenhängende Industrialisierung und Urbanisierung, ändert sich aber diese Gesellschaftsstruktur. Die stratifikatorisch differenzierte Gesellschaft wird auch in Indien durch die primär funktional differenzierte seit dem letzten Jahrhundert abgelöst. Dieser Umbau der indischen Gesellschaft zeigt sich am deutlichsten in der Veränderung in den modernen, indischen Industriestädten: Das Kastensystem spielt dort kaum noch eine Rolle. Wurde zum Beispiel früher nur kastenintern geheiratet, steht heute in vielen Heiratsanzeigen, daß die Kastenzugehörigkeit unwichtig sei. Statt dessen ist beispielsweise ein akademischer Abschluß gefragt. Der indische Soziologe M.N. Srinivas hat diesen Prozeß der Modernisierung Indiens nach westlichem Vorbild als *Westernization* bezeichnet, und die damit verbundene Veränderung der indischen Sozialstruktur, bei der niedere Kasten nach oben streben, nannte er *Sanskritization*.[26] In Indien selbst hat sich jedoch der Begriff *Secularization* als Bezeichnung für diesen Prozeß durchgesetzt. Progressive Inder, die sich selbst zum Teil nicht mehr als »Hindus« bezeichnen würden, nennen daher ihre verwestlichte Weltanschauung auch *Secularism*.

Die Begriffe »Säkularisation«, »Säkularismus« und »Säkularisierung« stammen von (lat.) *saeculum*, was soviel wie »Zeitalter«, »Menschenalter«, »Generation« oder »Jahrhundert« bedeutet. In der Kirchensprache bedeutet *saeculum* dann »Zeitlichkeit«, aber auch »irdisch-weltliches Leben«, »Welt«, »weltlich« und schließlich »Verweltlichung«. Der Begriff *saeculum* wechselte seine Bedeutung von »Zeit« zu »Welt«, und das Verb »säkularisieren« wurde gebraucht für die Tätigkeit staatlich-öffentlicher Gewalt, die kirchliche Institutionen auflöst und den Besitz zu weltlichen Zwecken verwendet.[27]

Häufig wird unter »Säkularisierung« der Rückgang von Religion verstanden, an deren Stelle ein wissenschaftlich-positivistisches Weltbild tritt; oder wie Lübbe sagt: »das Wort wird zum wissenschaftlichen Terminus der Bezeichnung von Prozessen der

Emanzipation wissenschaftlichen Denkens aus religiöser Gebundenheit und Bevormundung«[28]. Berger versteht »Säkularisierung« als einen Prozeß, »durch den Teile der Gesellschaft und Ausschnitte der Kultur aus der Herrschaft religiöser Institutionen und Symbole entlassen werden«[29].

Säkularisation bedeutet zunächst das Entziehen von Vermögen der Kirche. Der Bedeutungswandel vollzieht sich dann von der Enteignung der Kirche zum Rückgang geistlich-kirchlicher Ideen, von einem materiellen zu einem geistigen Prozeß: Säkularisierung wird heute verwendet im Sinn von Verweltlichung, d. h. Loslösung von geistlich-kirchlichen Ideen, Verfall des Christentums; sogar vom Verschwinden jeglicher Religiosität ist die Rede.

In einer so angelegten Theorie der Religion wie der von Luhmann kann Säkularisierung nicht mehr einfach als Verschwinden von Religion durch zunehmende Aufklärung verstanden werden, weil die Ausdifferenzierung des Religionssystems (wie aller anderer Funktionssysteme) in der Moderne sich vollzieht und Religion als System überhaupt erst hervorbringt. Unter »Säkularisierung« kann also nicht allgemein die Negation von Religion verstanden werden.[30] Luhmann sieht das Problem, das sich hinter dem Säkularisierungsbegriff verbirgt, in den »Bedingungen und Konsequenzen funktionaler Differenzierung, denen jedes Funktionssystem ausgesetzt ist, also nicht nur ein religionsspezifisches Geschehen«[31]. Denn für die Funktionsbereiche innerhalb des Gesellschaftssystems kann zunehmende funktionale Differenzierung durchaus unterschiedliche Folgen haben, so daß funktionale Differenzierung auf Funktionen selbst diskriminierend wirkt. Und das hat Folgen für die Zukunft der Religion, auch unter dem Gesichtspunkt ihrer Kompatibilität.

Luhmann setzt den Begriff »Säkularisierung« unabhängig vom Religionssystem an: »Säkularisierung können wir begreifen als die *gesellschaftsstrukturelle* Relevanz der *Privatisierung* religiösen Entscheidens.«[32] Damit ist weder begrifflich noch theoretisch ein Funktionsverlust oder auch nur ein Bedeutungsverlust der Religion postuliert, ebensowenig die »Weltlichkeit« von Einstellungen oder Verhaltensweisen. Mit dem Säkularisierungsbegriff bezeichnet Luhmann vielmehr die historisch feststellbare Strukturentwicklung der Gesellschaft aus Sicht des Religionssystems in bezug auf seine Umwelt: »Das Religionssystem wird, so lautet die These, innerhalb des Gesellschaftssystems ausdifferenziert. Damit entstehen innerhalb des Gesellschaftssystems Grenzen, an denen die Gesellschaft selbst sich reflektieren kann. Das Religionssystem sieht sich einer gesellschaftsinternen Umwelt gegenüber, die anderen, nichtreligiösen Belangen folgt. Die Gesellschaft im Ganzen kann dann, vom Religionssystem aus gesehen, als Sündengemeinschaft oder auch, bei fortgeschrittener Differenzierung, als säkularisierte Gesellschaft beschrieben werden. Gesellschaftsinterne Ausdifferenzierung heißt also keineswegs, daß die Religion sich in die Kirche zurückzieht und sich fürderhin nur mit sich selbst beschäftigt.«[33]

Luhmann definiert den Begriff also nicht am Phänomen der Religion, sondern bezieht ihn als fremdreferentielle Bezeichnung des Religionssystems auf die Verfaßtheit der gesellschaftlichen Umwelt: »›Säkularisierung‹ ist ein Terminus, mit dem das Religionssystem den Aggregatzustand seiner gesellschaftlichen Umwelt bezeichnet.«[34] – Wie »leben« und »sterben« aus unterschiedlichen Perspektiven denselben Prozeß bezeichnen, der zwischen Zeugung und Tod stattfindet, so bezeichnen »Säkularisierung« und »Ausdifferenzierung des Religionssystems« denselben Prozeß gesellschaftlichen Wandels der Modernisierung.

Durch Säkularisierung erfolgt auch in Indien im 20. Jahrhundert die Trennung von Religion und Gesellschaft. Die »Entzauberung der Welt« (Max Weber) vollzieht sich im modernen, verwestlichten Indien der industrialisierten Großstädte. Nach dem Vorbild moderner europäischer Staaten gab sich Indien nach der Unabhängigkeit von Großbritannien eine Verfassung, die die indische Bundesrepublik für säkular erklärt – in Abgrenzung zum islamischen Staat Pakistan.

Die Ausdifferenzierung des Hinduismus

Mit Luhmanns Theorie des Umbaus der Gesellschaft von stratifikatorischer auf funktionale Systemdifferenzierung und der damit verbundenen Ausdifferenzierung von Subsystemen läßt sich jetzt zeigen, daß es Religion gibt, und zwar als ausdifferenziertes Sozialsystem innerhalb der modernen Gesellschaft. Oder anders formuliert: Es gibt keine Religion außerhalb der Gesellschaft! Religion wird dadurch weder als Glaube an Gott noch als Beziehung des Menschen zum Heiligen verstanden. Sondern vergleichbar der Wirtschaft, Politik oder Wissenschaft wird Religion in diesem Theoriedesign als Teilsystem der Gesellschaft aufgefaßt. Religion ist ein soziales System und hat keine extrasoziale Objektivität.

Anders formuliert: *Religion gibt es nur in der modernen Gesellschaft!* – Damit sind zwei wichtige Unterschiede zu allen anderen Religionsdefinitionen bezeichnet: Erstens gibt es Religion nur innerhalb der Gesellschaft. Religion wird nun als soziales System verstanden. Zweitens differenziert sich Religion erst in der modernen Gesellschaft zu einem Subsystem des Gesellschaftssystems aus. Durch den im ausgehenden Mittelalter beginnenden Prozeß der Modernisierung, also das, was Luhmann als Umbau der Gesellschaft von Stratifikation auf funktionale Systemdifferenzierung bezeichnet, wird das Religionssystem innerhalb des Gesellschaftssystems ausdifferenziert.

Das läßt sich auch semantisch zeigen: Erst zu Beginn des 16. Jahrhunderts gelangte der Begriff »Religion« als Lehnwort aus dem Lateinischen in die deutsche Sprache und bedeutete zunächst *»ein system von lehren, welche sich auf das verhältnis des menschen zu gott beziehen, satzungen die den cultus betreffen«*, wie es bei Jakob und Wilhelm Grimm heißt. Die Brüder Grimm nennen ausdrücklich »die christliche, jüdische, mohammedanische, buddhistische religion«. Im 18. Jahrhundert ändert dann »Religion« seine Bedeutung zu *»das subjective verhalten zu gott, die ehrfurcht und hingabe an ihn«*[35]. Vorher gab es kein Wort dafür, weil es den Gegenstand »Religion« gar nicht gab – nichts, was mit diesem Begriff hätte bezeichnet werden können, da Religion und Gesellschaft in ihren Grundlagen nicht zu unterscheiden waren. Denn das Aufkommen des Religionsbegriffs setzt schon voraus, daß das System, das als Religion bezeichnet wird, so stark ausdifferenziert ist, daß es identifizierbar ist: Erst als das Maß an Ausdifferenzierung erreicht war, konnte das nun existierende System als »Religion« bezeichnet werden. Oder: »Indem man den Gegenständen Namen gibt, ein Etikett, etwas, wodurch sie greifbar werden, indem man sie aus der Anonymität herausholt, aus dem Reich der Namenlosen, kurz gesagt, indem man sie identifiziert, ruft man den jeweils gekennzeichneten Gegenstand ins Leben«, fabuliert Salman Rushdie in *Harun und das Meer der Geschichten.*[36]

Bei zunehmender Ausdifferenzierung können dann andere »Religionen« in fremden Kulturen und Gesellschaften beobachtet und beschrieben werden. So konstruiert die europäische Wissenschaft die Religionsgeschichte des Islam und beschreibt dabei immer auch das mit, was sich in Europa als Politik ausdifferenziert. Kippenberg bemerkt über den Islam: »Daß er dem westlichen Betrachter einmal als Religion erscheint, ein andermal als Politik, zeigt nur die begrenzte Geltung dieser uns geläufigen Unterscheidung an.«[37] Die *Religionen des Veda* können jetzt, nachdem das Religionssystem in Europa ausdifferenziert ist, fremdreferentiell beschrieben werden[38], und man hält den Hinduismus für die Religion Indiens. Jetzt, mit diesem Religionsbegriff ausgestattet, können Europäer in anderen Kulturen »religiöse« Handlungen beobachten; ohne daß der »Handelnde« für sein Handeln einen Religionsbegriff bräuchte – den braucht nur der Beobachter. Muslime beim »Gebet« in der Moschee, Buddhisten beim Meditieren und Hindus beim Tempelbesuch können jetzt als »religiös handelnd« beobachtet werden. Manchem Beobachter mag sich beim Beobachten von zähneputzenden Hindus, die im Ganges bei Benares stehen, oder bei buddhistischen Mönchen, die im Kloster von Shaolin Kung-Fu-Kampftechniken üben, die Frage stellen, ob diese Handlungen »wirklich religiös« seien. Spätestens wenn die Shaolin-Mönche ihre Kampftechnik in der Fernsehshow »Wetten, daß ...?« bei Thomas Gottschalk vorführen, wird kein Zuschauer eine »religiöse« Handlung vermuten. Dabei wird nicht bemerkt, daß nicht die Handlung in Frage gestellt wird, sondern die Unterscheidung religiös/nicht-religiös: Die aber trifft der Beobachter!

Man muß also unterscheiden, ob ein (wissenschaftlicher) Beobachter zwischen Religion und Gesellschaft unterscheidet oder ob diese Unterscheidung das Religionssystem selbst trifft. Fremdreferentiell beobachtete Religion ist eine Erfindung des Beobachters (Konstruktivismus), während selbstreferentiell beobachtete Religion als System tatsächlich existiert, denn eine Ausdifferenzierung von Systemen kann nur durch Selbstreferenz zustande kommen (Phänomenologie). Religion entsteht in der modernen Gesellschaft unabhängig von einem externen Beobachter allein durch Selbstreferenz: Religion muß die Differenz von sich selbst und ihrer Umwelt systemintern benutzen und eine Beschreibung von sich selbst erzeugen, um ihre Grenze gegenüber der Umwelt ziehen und erhalten zu können, wodurch sie sich selbst erzeugt hat und nun selbst erhält. Die Evolution der Gesellschaft als Umstellung von Stratifikation auf Systemdifferenzierung mit der Folge der Ausdifferenzierung verschiedener Teilsysteme bringt Religion erst hervor, wofür die semantische Übernahme des Religionsbegriffs im 16. Jahrhundert spricht. In der modernen Gesellschaft ist Religion ein selbstreferentielles bzw. autopoietisches Teilsystem. Und genau dies geschieht in Indien mit der Übernahme des Mißverständnisses »Hinduismus«: Aus einem fremdreferentiellen System wird ein selbstreferentielles System – das ist ein entscheidender Unterschied, denn nun gibt es den Hinduismus, und er ist keine Retortenpflanze mehr!

War »Hinduismus« zunächst eine Fremdbezeichnung, wird der Begriff seit dem letzten Jahrhundert zur Selbstbezeichnung der indischen Religion. Luhmann schreibt über Europa: »Ihre ursprüngliche Sicherheit hatte die Religion in der Gesellschaft selbst. Nicht, daß jemals alles Handeln religiös qualifiziert worden wäre. Weder die gesellschaftliche Kommunikation noch die sie umgebende Natur waren je voll und ganz sakralisiert worden. In ihren Grundlagen aber waren Religion und Gesellschaft nicht zu unterscheiden.«[39] Das gleiche gilt auch für Indien: Nicht daß jemals alles religiös qualifiziert worden wäre, aber in ihren Grundlagen waren Religion und Gesellschaft nicht zu unterscheiden, bis der Umbau der indischen Gesellschaft nach dem Vorbild der europäischen Moderne in Indien im letzten Jahrhundert anläuft und dazu führt, daß sich der Hinduismus als Religion zu einem Teilsystem der indischen Gesellschaft ausdifferenziert.

Konnte Helmuth von Glasenapp 1922 noch schreiben »In Indien ist alles Religion«[40], zeigt sich nun, daß dies so nicht richtig ist: Solange Religion nicht zu einem Subsystem der indischen Gesellschaft ausdifferenziert ist, sind Religion und Gesellschaft gar nicht unterschieden. Ähnlich wie Glasenapp meint auch Peter Schreiner:

»Wer dem bodenständigen, gelebten Hinduismus begegnen will, muß nach Indien fahren; er muß vom Flugzeug in den Zug umsteigen, an irgendeinem Bahnhof noch einen Bus nehmen und schließlich mit dem Fahrrad oder zu Fuß auf den Lehmpfaden zwischen den Feldern die letzte asphaltierte Straße hinter sich lassen, um das Leben in einem indischen Dorf kennenzulernen. [...] Hier gilt noch, was man über den Hinduismus immer wieder lesen kann, daß er keine Religion von Dogmen und Glaubenssätzen sei, sondern eine Lebensform, daß es nicht auf Rechtgläubigkeit (Orthodoxie) ankomme, sondern auf rechtes Verhalten (Orthopraxie), und daß das, was wir Religion nennen, dort keinen Namen habe, weil ›Hinduismus‹ alle Lebensbereiche, Recht und Brauchtum, Tagesrhythmus und Jahreskreis, Speisevorschriften und Gesundheitswesen einschließe oder wenigstens berühre.«[41]

Schreiner klammert jedoch bewußt die indischen Großstädte aus, in denen die Modernisierung deutlich sichtbar am weitesten fortgeschritten ist. Auf dem indischen Dorf aber findet man eines *nicht*: den Hinduismus. Man findet eben Traditionen und Brauchtum, Rituale und Feste. Der Hinduismus hat dort keinen Namen, weil zwischen Religion und Gesellschaft nicht unterschieden wird; kurz: weil er dort nicht ausdifferenziert ist.

So wie Luhmann für Europa der Religion eine besondere Rolle für die Umstellung der Gesellschaft auf funktionale Differenzierung zugesteht, kann auch in Indien beobachtet werden, daß die hinduistischen Reformbewegungen und die Unabhängigkeitsbewegung nicht zu trennen sind: Sie sind gleichsam religiös und politisch. Genaugenommen wird jedoch der Hinduismus gar nicht reformiert, sondern überhaupt erst formiert. Der nun ausdifferenzierte Hinduismus als Religionssystem ist ein leeres Gefäß, das mit durchaus unterschiedlichen oder sich gegenseitig widersprechenden Inhalten aus der indischen Kulturtradition von den sogenannten neohinduistischen Vertretern gefüllt wird. Bis heute ist die Ausdifferenzierung der indischen Gesellschaft aber noch nicht in dem Ausmaß vollzogen, wie dies in Europa der Fall ist, was sich zum Beispiel an der noch engen Verknüpfung von Religion und Politik – ähnlich wie in islamischen Staaten – immer wieder zeigt: Man denke nur an die Ereignisse, die zur Zerstörung einer Moschee durch eine halbe Million Hindus in Ayodhya am 6. Dezember 1992 geführt haben.

Erst als sich der Hinduismus in Indien zum Religionssystem auszudifferenzieren beginnt, bekommen beide Wörter – Hindu und Inder – unterschiedliche Bedeutungen: Hindus sind diejenigen Inder, die sich nicht ausdrücklich zu einer anderen Religion bekennen. Ein indischer Muslim zum Beispiel ist zwar Inder, aber kein Hindu. Als dann am Ende des letzten Jahrhunderts der Hinduismus über die Grenzen Indiens hinausgeht und zu missionieren beginnt, bezeichnen sich auch Nicht-Inder als Hindus, zum Beispiel Europäer oder Amerikaner, die der indischen Religiosität nahestehen.

Bezeichnend für die Moderne ist die Tatsache, daß die Politik versucht, die Bestimmung dessen, was die Gesellschaft unter Religion zu verstehen habe, mit Hilfe des Rechtssystems zu lösen: Es gibt im modernen indischen Staat eine juristische Regelung, wer Hindu ist und wer nicht. Nach dem »Hindu Marriage Act« ist erstens jede Person (unabhängig von Alter, Geschlecht, Geisteszustand oder religiösem Glauben) ein Hindu, die nicht Moslem, Christ, Parse oder Jude ist, wenn sie in Indien wohnt. Zweitens kann jede Person Hindu sein, ob sie Inder ist oder nicht, die sich zum Hinduismus bekennt. Nach der indischen Verfassung sind heute alle Inder Hindus, die sich nicht ausdrücklich zu einer anderen Religion bekennen (wie dem Islam, Christentum, Parsismus oder Judentum), sowie alle

Nicht-Inder, die sich zum Hinduismus bekennen.[42] Juristisch gelten also auch die Sikhs in Indien als Hindus.

An der Tradition orientierte Brahmanen aber, die nicht zögern, sich selbst als »Hindus« zu bezeichnen, erkennen diese Regelung noch nicht an mit der Begründung, daß man, um Hindu zu sein, einer Kaste angehören müsse. Europäer und Amerikaner aber seien Kastenlose, sagen sie, und ihnen wird nach wie vor beispielsweise der Zutritt zum »Goldenen Tempel« in Benares verwehrt. Andere, weniger konservative Brahmanen wiederum debattieren in solchen Fällen lange, in welche Kaste der konvertierte Hindu aufgenommen werden solle. Daran wird deutlich, in welchem Spannungsverhältnis zwischen Tradition und Moderne sich Indien heute befindet.

Fassen wir zusammen: Der Begriff »Religion« existierte in Indien nicht, und der Hinduismus war nur durch die europäische Brille als Konstrukt zu sehen. Erst als eine gebildete indische Oberschicht, die sich an Europa orientierte, dieses Mißverständnis übernehmend sich selbst als Hindus bezeichnete und anfing, zwischen Religion und Gesellschaft zu unterscheiden, begann sich damit der Hinduismus in Indien als Religion auszudifferenzieren. Zugespitzt formuliert: Der Hinduismus entstand – als Religion im Sinne eines Subsystems der indischen Gesellschaft – im letzten Jahrhundert in Indien! Natürlich sind die Traditionen und Lehren, die Schriften und Mythen, aus denen sich der Hinduismus speist, seit Jahrhunderten überliefert. Aber als Religion – als Einheit innerhalb der Gesellschaft, die gegenüber der Gesellschaft abgegrenzt ist – hat es den Hinduismus vorher nicht gegeben.

2. Die Struktur des Hinduismus

In der Einleitung wurde gezeigt, daß sich der Hinduismus die Verfassung eines Systems gegeben hat. Damit wurde aber nur die äußere Form des Hinduismus aufgezeigt; über den Inhalt des Hinduismus wurde noch nichts ausgesagt. Diese Inhalte können grundverschieden sein. Das Gefäß »Hinduismus« ist mit vielerlei gefüllt, und diese vielfältige Fülle verwundert nicht nur den Indientouristen. Auch westliche Religionswissenschaftler sind zuweilen erstaunt angesichts der Tatsache, daß in Indien alles im Widerspruch zueinander steht, und so spricht zum Beispiel Antes vom Hinduismus als »eine Art ›Supermarkt‹ in Sachen Religion, der auch für den ausgefallensten Geschmack noch ein Angebot bereithält.«[43] In Indien stört diese Vielfältigkeit und Widersprüchlichkeit keinen, ja sie fällt noch nicht einmal auf! Vielmehr sind es Europäer, die beim Hinduismus nach der Einheitlichkeit der Lehre fragen und Wert auf Widerspruchsfreiheit in der Theorie legen, während sie dabei übersehen, daß im Hinduismus diese Unterschiedlichkeit in der Praxis gelebt wird. Im christlich geprägten Abendland wird von einer Religion eine in sich schlüssige Dogmatik erwartet. Daß Theologen sich bald seit zwei Jahrtausenden darum bemühen, diese für das Christentum zu entwickeln, wird dabei allzuleicht übersehen.

Weil der Hinduismus keine einheitliche Lehre hat, kann diese hier folglich auch nicht dargestellt werden. In der indischen Kulturtradition finden sich die unterschiedlichsten und gegensätzlichsten Vorstellungen über Diesseits und Jenseits, Sitte und Brauchtum, Gott und Götter. Den Reformbewegungen im 19. und 20. Jahrhundert gelingt es zwar, den Hinduismus als Einheit zu formieren, aber eine einheitliche Lehre wird von ihnen nicht formuliert – im Gegenteil: man sieht gerade einen Vorteil in der Widersprüchlichkeit der indischen Religiosität. Vivekanada beispielsweise bezeichnete den Hinduismus als universale Religion, und es gibt heute Hindus, die den Hinduismus als »Mutter aller Religionen« bezeichnen würden. Die »neohinduistischen« Reformbewegungen, die in einem späteren Abschnitt noch ausführlich behandelt werden, berufen sich auf die unterschiedlichsten Ideen: der *Brahmo Samaj* zum Beispiel vertritt einen monotheistischen Gottesbegriff, der vergleichbar ist mit dem Gottesbegriff in Christentum und Islam. Der *Arya Samaj* dagegen lehnt den westlichen Einfluß radikal ab und vollzieht eine Rückbesinnung auf die Veden. Für Gandhi ist jeder ein Hindu, »der in einer hinduistischen Familie in Indien geboren wurde, der die Veden, die Upanishaden und die Puranas als heilige Bücher akzeptiert; der an die fünf Gebote von Wahrheit, Gewaltlosigkeit usw. glaubt; der an ein Selbst und ein Höchstes Selbst glaubt und außerdem glaubt, daß das Selbst (die Seele) nie geboren wird und nie stirbt, sondern durch Inkarnation in einem Körper von Leben zu Leben wandert und Befreiung erlangen kann; der an die Gesellschaftsordnung von Kasten und Lebensstadien *(varnashrama)* glaubt und an den Schutz der Kuh«.[44] Und für Radhakrishnan schließlich ist jeder ein Hindu, »der nach Wahrheit strebt durch Studium und Nachdenken, durch Reinheit seines Lebens und Verhaltens und durch Hingabe an hohe Ideale, jeder, der glaubt, daß Religion nicht auf Autorität beruht, sondern auf Erfahrung«.[45] Nach dieser letzten Definition wären auch Sie, lieber Leser, vermutlich ein Hindu!

Um die Struktur des Hinduismus nachzuzeichnen, ist es nicht nur notwendig, die Grundphänomene des Hinduismus aufzuzählen, sondern die Struktur des Hinduismus muß in ihrer Genese von ihren Ursprüngen her historisch nachvollzogen werden, um so zu einem Verständnis der gegenwärtigen Religion und Philosophie Indiens zu gelangen. Die Strukturmomente sollen in ihrem Entstehen und Werden, in ihrer Dynamik, beschrieben werden und zwar so, wie die Phänomene an sich selbst sind. Diese Strukturanalyse, die zuerst von Martin Heidegger unter Zuhilfenahme der transzendentalen Phänomenologie Edmund Husserls aufgegriffen und von Heinrich Rombach weiterentwickelt wurde, bildet die Methode der vorliegenden Einführung und versteht sich als phänomenologisch. Unter »Strukturen« werden hier nach Rombach Schöpfungen verstanden, »die ihre Gestaltung aus sich selbst entwickeln und ihren Sinn in sich selbst haben«.[46] Die Phänomenologie sieht diese grundlegenden Strukturen: »Das Sehen der Phänomenologie ist das Aufscheinenlassen eines Strukturzusammenhangs in seiner lebendigen Verwobenheit.«[47] Diese Struktur des Hinduismus soll nun gezeigt werden.

Der Ursprung des Hinduismus

Gewöhnlich wird die Geschichte Indiens mit der Einwanderung von nomadisierenden Rinderhirten begonnen, die sich selbst als *Arya* (»die Edlen«) bezeichneten. Die Arier sind eine Volksgruppe, die zu den sogenannten Indogermanen bzw. Indoeuropäern, wie sie heute präziser bezeichnet werden, gehören. Die indoeuropäischen Völker, zu denen nicht nur alle Europäer, sondern auch Slawen, Balten, Kelten, Perser und Inder gerechnet werden, weisen alle große Ähnlichkeiten in Wortschatz und

Grammatik auf. Als Urheimat der Indoeuropäer wird Zentralasien vermutet. Die genaue Herkunft und Vorgeschichte der Indoeuropäer liegt aber im Dunkeln. Ab der zweiten Hälfte des 2. Jahrtausends vor unserer Zeitrechnung wanderten arische Stämme in mehreren Wellen aus den kaukasischen Steppen kommend in das iranische Hochland und das Gebiet des heutigen Afghanistan ein und besiedelten das Industal und dann die Gangesebene. Diese kriegslüsternden Arier waren hellhäutig und hielten sich für überlegen gegenüber den dunkelhäutigeren Bewohnern Indiens, den Draviden.

Bei archäologischen Grabungen seit 1920 im Industal wurden jedoch die beiden großen Städte Mohenjo Daro und Harappa entdeckt, die auf eine frühe Hochkultur Indiens im heutigen Pakistan schließen lassen und damit zu den ältesten Hochkulturen der Menschheit gerechnet werden müssen. Obwohl beide Städte etwa 640 Kilometer voneinander entfernt liegen, weisen sie so große Ähnlichkeiten auf, daß Historiker von einer einheitlichen Kultur sprechen. Diese frühe Hochkultur reichte vermutlich bis ins 3. oder sogar 4. Jahrtausend vor unsere Zeitrechnung zurück und hatte ihre Blütezeit zwischen 2300 und 1800 v. Chr., also deutlich vor der Einwanderung der Arier.

Die Entdeckung dieser städtischen Kultur widerlegte eindeutig die These, daß die Geschichte Indiens mit der Einwanderung der Arier begonnen habe. Trotzdem wird diese These von einigen Hindus bis heute vertreten. Die arischen Stämme, die über die Pässe des Hindukusch-Gebirges in die fruchtbaren Täler des Indus kamen, begründeten dort seit etwa 1200 v. Chr. eine frühe Kultur. Zwischen dem Untergang der Indusstädte um 1700 v. Chr. und dem Beginn der halbnomadischen Kultur der Arier liegen also fast 500 Jahre.

Die Veden

Die wichtigste historische Quelle und erstes religiöses Zeugnis der Indoarier bildet der *Veda*, das »heilige Wissen«. Die frühen Hymnen stammen aus der Zeit, als die Arier noch am oberen Indus lebten, während die späteren aus der Zeit stammen, in der sie schon bis in die Gangesebene vorgedrungen waren. Der Veda ist möglicherweise ein Wissen, das die Arier zum Teil schon vor dem Eindringen in den indischen Subkontinent hatten, mit Sicherheit verfügten sie darüber aber während der Seßhaftwerdung im Punjab zwischen 1200 und 1000 vor unserer Zeitrechnung, denn der Veda berichtet auch über Leben und Wanderung der Arier. Der Veda enthält darüber hinaus widersprüchliche Lehren, mehrere Schöpfungsmythen und verschiedene Vorstellungen über Götter namens *Indra*, den Kämpfer und Helfer, *Agni*, den Feuergott, *Mitra*, der die Nicht-Feindschaft repräsentiert, *Varuna*, der Verkörperung der Weltordnung oder *Rudra*, den Furchtbaren.[48] Diese Gottheiten spielen jedoch im heutigen Hinduismus wenn überhaupt nur eine untergeordnete Rolle.

Die ältesten Schriften der Hindus, die auf deutsch manchmal auch im Plural als die »Veden« (*veda*, wörtl. »Wissen«) bezeichnet werden, zerfallen in vier »Sammlungen« *(Samhita)*:

1. *Rig-Veda* (»Veda der Verse«, die wichtigste Sammlung),
2. *Sama-Veda* (»Veda der Gesänge«),
3. *Yajur-Veda* (»Veda der Opferformeln«),
4. *Atharva-Veda* (»Veda der Magie«).

In das Umfeld der vedischen Literatur müssen auch die Brahmanas (Interpretationen der Veden), die *Aranyakas* (esoterische »Waldbücher«) sowie die *Upanishaden*, eine Art Geheimlehre, gezählt werden. Alle diese Schriften werden auch als *Shruti* bezeichnet, »gehörtes Wissen«, das von den *Rishis*, »den Sehern«, geschaut wurde und daher als übermenschliches Offenbarungswissen gilt.

Darüber hinaus gehören zur hinduistischen Kulturtradition noch weitere Schriften, die nicht als Shruti gelten und von menschlichen Verfassern stammen. Dazu gehören die *Sutras* (»Leitfäden«), die *Puranas* (»alte Erzählungen«, Göttermythen) und die großen Volksepen *Ramayana* und *Mahabbharata* mit der *Bhagavadgita.* Diese Schriften, Erzählungen und Mythen spielen im traditionellen Indien die weitaus größere Rolle, wobei wohl die Bhagavadgita als das populärste Buch angesehen werden kann. Es ist sicher ein Fehlurteil, wenn man der Bhagavadgita für den Hinduismus die gleiche Bedeutung einräumt, die das Neue Testament für das Christentum hat. Aber die Bhagavadgita ist nach der Bibel das am häufigsten übersetzte Buch der Menschheit.

Der Veda, die ewige und unendliche, anfangslose Wahrheit, ist das Wissen über die menschlichen Mächte und ihre magische Beeinflussung. Die älteste Sammlung bildet der Rig-Veda, der seit dem 9. Jahrhundert v. Chr. zusammengestellt ist. Der Rig-Veda besteht aus 1028 »Hymnen« *(Ric)* und ist in 10 Bücher (*mandala*, wörtl. »Liederkreise«) unterteilt. Die jüngsten Bücher sind das erste und das zehnte, die im Gegensatz zu den anderen bereits philosophische Spekulationen und soziale Lehren enthalten. Die Ständeordnung der Kasten findet dort einen ersten Niederschlag.

Eine berühmte metaphysische Spekulation über den Ursprung der Welt steht im Rig-Veda in Buch X, 129. Dort wird gesagt, daß weder Nichtseiendes noch Seiendes waren, und weil es keinen Tod gab, gab es auch kein Leben. Dann jedoch entstand Leben als atmendes Wesen aus einem Keim; wohl gedacht als Keim eines Eies, der Brutwärme braucht, um sich entwickeln zu können. Diese Brutwärme, so wird dort gesagt, entstünde aus dem Begehren, und das Begehren wiederum habe seine Ursache im Denken: »Das Denken ist etwas Seiendes, das aus dem Nichtseienden hervorbricht ...«, erläutert Paul Thieme diesen Vers.[49] Der Ursprung der Welt beginnt also mit dem weder Nichtseienden, noch Seienden (Vers 1). Dann bricht das Denken hervor, woraus das Begehren entsteht (Vers 4). Daraus geht die Bruthitze hervor und läßt den Keim sich entwickeln (Vers 3), so daß ein atmendes Lebewesen entsteht (Vers 2). Einschränkend wird hinzugefügt, daß möglicherweise die Frage nach der Entstehung der Welt noch nicht einmal vom höchsten Gott beantwortet werden könne (Vers 5–7). Hier nun die Übersetzung des Hymnus:

»1 Nicht existierte Nichtseiendes, noch auch existierte Seiendes damals – nicht existierte der Raum, noch auch der Himmel jenseits davon. Was umschloß? Wo? Im Schutz wovor? Existierte das [Süß-]Wasser? [Nein, nur] ein tiefer Abgrund!

2 Nicht existierte der Tod, also auch nicht das Leben. Nicht existierte das Kennzeichen der Nacht (Mond und Sterne), des Tages (die Sonne). – Es atmete (begann zu atmen) windlos, durch eigene Kraft da ein Einziges. Nicht irgendetwas anderes hat jenseits von diesem (= früher als dieses) existiert.

3 Finsternis war verborgen durch Finsternis im Anfang. Kennzeichenlose Salzflut war dieses All. Der Keim, der von Leere bedeckt war, wurde geboren (kam zum Leben) als Einziges durch die Macht einer [Brut-]Hitze.

4 Ein Begehren [nach Entstehung] bildete sich da im Anfang, das als Same des Denkens als erstes existierte. Die Nabelschnur (den Ursprung) des Seienden im Nichtseienden fanden die Dichter heraus, in ihrem Herzen forschend, durch Nachdenken.

5 Quer aufgespannt war ein Seil [auf] ihrem [Wege]: Existierte ein Unten? Existierte ein Oben? Existierten Besamer? Existierten Schwangerschaften? Waren Eigenkräfte (männliche Prinzipien) später, Hingabe (das weibliche Prinzip) früher [oder umgekehrt]?

6 Wer weiß es gewiß, wer wird es hier verkünden, woher geboren (zum Leben gekommen), woher diese Emanation [der Welt] ist? Diesseits sind die Himmlischen von der Emanation dieser [Welt]. Also wer weiß es, woher sie geworden (›gekeimt‹) ist?
7 Woher diese Emanation geworden (›gekeimt‹) ist, ob sie getätigt worden ist [von einem Agens] oder ob nicht – wenn ein Wächter dieser [Welt] ist im höchsten Himmel, der weiß es wohl: oder ob er es nicht weiß?«[50]

Die Dichter oder Denker, die Seher, wie es am Ende des 4. Verses heißt, sind die ersten Philosophen Indiens, die durch Nachdenken vor dreitausend Jahren zu diesem erstaunlichen Wissen über den Ursprung der Welt gekommen sind und am Ende sogar noch bezweifeln, ob der höchste Gott dies auch weiß. Der heutige Hinduismus bezieht sich häufig auf die Veden, wenngleich dort weder von Wiedergeburt und Erlösung die Rede ist, noch Askese oder Weltflucht eine große Rolle spielen. Diese zentralen Gedanken des Hinduismus kommen aber schon wenige Jahrhunderte später auf – in einer Zeit, die Karl Jaspers die »Achsenzeit« genannt hat.

Die Upanishaden

In seinem Buch »Vom Ursprung und Ziel der Geschichte«, das 1949 erschien, wendet sich Jaspers gegen den Eurozentrismus: für ihn ist die Weltgeschichte nicht die Geschichte des Abendlandes. Aber auch die These, daß die Weltgeschichte in Zeit und Raum den Erdball umspanne, teilt er nicht. Ausgehend von dem Hegel-Wort, daß alle Geschichte zu Christus hingehe und von ihm herkomme und daß die Erscheinung des Gottessohnes die Achse der Weltgeschichte sei, entwirft Jaspers seine geschichtsphilosophisch-spekulative Struktur der Universalgeschichte: der christliche Glaube ist nur *ein* Glaube und nicht *der* Glaube der Menschheit. Er konstruiert eine andere Achse der Weltgeschichte als Hegel: »Diese Achse der Weltgeschichte scheint nun rund um 500 vor Christus zu liegen, in dem zwischen 800 und 200 stattfindenden geistigen Prozeß. Dort liegt der tiefste Einschnitt der Geschichte. Es entstand der Mensch, mit dem wir bis heute leben. Diese Zeit sei in Kürze die ›Achsenzeit‹ genannt.«[51]

Bei diesem geschichtsphilosophischen Entwurf der »Achsenzeit« geht Jaspers von der These aus, daß etwa gleichzeitig zwischen 800 und 200 vor Christus in China, Indien und dem Abendland (Persien, Israel, Griechenland) geistige Umbrüche und Weiterentwicklungen stattfanden, und zwar »ohne daß sie gegenseitig voneinander wußten«.[52] In dieser Zeit lebten in China Konfuzius und Lao-Tse, und alle Richtungen der chinesischen Philosophie entstanden. In Indien lehrte Buddha, und die Upanishaden wie auch alle anderen Richtungen der indischen Philosophie wurden zumindest im Ansatz entwickelt. Im Iran trat Zarathustra auf und in Israel die Propheten von Elias über Jesaja bis Deuterojesaja. In Griechenland lebte in dieser Zeit Homer, und mit den Vorsokratikern bis zu Plato und Aristoteles entstand die griechische Philosophie. In dieser Zeit gab es zum erstenmal in der Geschichte der Menschheit Philosophen: »Menschen wagten es, als Einzelne sich auf sich selbst zu stellen. Einsiedler und wandernde Denker in China, Asketen in Indien, Philosophen in Griechenland, Propheten in Israel gehörten zusammen, so sehr sie in Glauben, Gehalten, innerer Verfassung voneinander unterschieden sind. Der Mensch vermochte es, sich der ganzen Welt innerlich gegenüberzustellen. Er entdeckte in sich den Ursprung, aus dem er über sich selbst und die Welt sich erhebt.«[53] Der Mensch befreite sich von seinen Trieben, stellte radikale Fragen und suchte nach Befreiung und Erlösung im Einklang mit dem Tao, im Erreichen des Nirvana, in der Atman-Brahman-Spekulation oder in der Hingabe an den Willen Gottes; kurz: der Mensch wird sich seiner selbst im Ganzen seines Seins und seiner Grenzen bewußt.

In diesem Prozeß des Umbruchs fanden weitreichende Änderungen des Ideenguts statt: Anschauungen, Sitten und Zustände wurden geprüft, in Frage gestellt und verworfen. »In diesem Zeitalter wurden die Grundkategorien hervorgebracht, in denen wir bis heute denken, und es wurden die Ansätze der Weltreligionen geschaffen, aus denen die Menschen bis heute leben. In jedem Sinne wurde der Schritt ins Universale getan. [...] Alles geriet in einen Strudel«, schreibt Jaspers.[54] Die Veränderungen, die in der Achsenzeit stattfanden, bezeichnet er als »Vergeistigung«. Die Entdeckung des »Geistes« kann als das entscheidende Kriterium der Achsenzeit bezeichnet werden.

In Indien findet die Achsenzeit ihren deutlichsten Ausdruck in Schriftensammlungen, die als *Upanishaden* (von *upa*, »nahe«; *ni*, »nieder«; *shad*, »sitzen«) bezeichnet werden. Die Upanishaden, die sitzend zu den Füßen des *Gurus*, des »Lehrmeisters«, gehört wurden, gehören zum *Vedanta* (»Vollendung des Veda«). Sie dokumentieren den geistigen Umbruch in Indien etwa zwischen 750 und 550 v. Chr.: in dieser Zeit bilden sich die Grundlagen der indischen Philosophie und Religiosität heraus, die den Hinduismus heute prägen. Hier erscheinen zum ersten Mal der Gedanke der Seelenwanderung, die Wiedergeburtslehre und die Karmatheorie. Diese Vorstellungen befinden sich noch nicht in den Veden. Askese kommt zwar schon in den Veden vor; dort wird ihr die gleiche Bedeutung beigemessen wie dem Opferritual. Aber während der Upanishadenzeit wird es immer üblicher für einzelne, »das gesellschaftliche Leben aufzugeben und in den ›Wald‹ zu ziehen, um sich ungestört der Meditation hingeben zu können. Diese Gewohnheit gilt schon lange als vorbildlich und wird auch noch im modernen Indien geübt«, schreibt Eliade.[55] Ekstatische Erfahrungen und rudimentäre Yogapraktiken lösen mehr und mehr das Opfer ab. Auch hier wagen es einzelne sich auf sich selbst und sich der ganzen Welt innerlich gegenüberzustellen. Die Inder erfahren »die Unbedingtheit in der Tiefe des Selbstseins und der Klarheit der Transzendenz«.[56] Sie entdecken den Geist als *Brahman* und *Atman*.

Brahman ist das schöpferische Weltprinzip, der Weltgeist, aus dem alles hervorgegangen ist, der Urgrund alles Seienden. Brahman war die Welt im Anfang; erst dann schuf dieses Brahman aus sich selbst die Götter und stellte sie über die Welt.[57] – Atman dagegen – etymologisch übrigens verwandt mit dem deutschen Begriff »Atem« – bezeichnet das ewige, innere Selbst oder die individuelle Seele, diejenige Substanz, die meine Identität ausmacht. Dieser Atman, heißt es in den Upanishaden, sei kleiner als ein Getreidekorn und doch größer als Himmel und Erde zusammen:

»Dieser mein Atman im Inneren des Herzens ist feiner als ein Reis- oder Gersten- oder Senf- oder Hirsekorn oder das Korn eines Hirsekorns. Dieser mein Atman im Innern des Herzens ist größer als die Erde, größer als der Luftraum, größer als der Himmel, größer als die Welten.

Er ist allwirkend, allwünschend, voll jeglichen Duftes, voll jeglichen Geschmackes, all dies umfassend, wortlos, achtlos. Dieser mein Atman im Innern des Herzens ist das Brahman, zu ihm werde ich nach meinem Scheiden von hier gelangen. Wem solche Gewißheit ist, dem bleibt kein Zweifel.«[58]

Im Gegensatz zu den abrahamitischen Religionen (Judentum, Christentum, Islam), nach denen der Mensch der Knecht und Diener Gottes ist, behauptet die Vedanta-Philosophie der Upanishaden die substantielle Einheit von individuellem Selbst und absolutem Geist: »Wie der Tropfen im Meer, so nimmt sich Atman in Brahman aus.« Dieser an sich eigenschaftslose Atman-Brahman ist das alleine Wesen, das Sein alles Seienden.

Der Atman=Brahman-Spekulation liegt der Gedanke zugrunde, daß sich hinter Raum und Zeit und dem, wie die Welt durch die Sinne erfahrbar ist, eine letzte Identität befindet, die zeitlos, unsterblich, nicht räumlich, unwandelbar ist. Diese Identität zu erkennen ist heilbringend und führt zur Erlösung. Wer dieses außerordentliche Wissen erlangt hat, ist aus dem *Samsara*, dem Kreislauf der ewigen Wiedergeburt, befreit. Da die ganze Welt Brahman ist, aus Brahman besteht, ist Brahman das Reale, die einzige Wirklichkeit. Atman ist Brahman: das ist die Alleinheitslehre des Vedanta. Deshalb steht in den Upanishaden die berühmte Formel: *tat tvam asi* – *»das bist du«*. Dies gilt es zu erkennen.

In den Upanishaden wird zur Erläuterung dieses Gedankens die Geschichte erzählt von Uddalaka Aruni, der seinen Sohn Shvetaketu eine Feige holen und öffnen läßt. »Was siehst du da?«, fragt er. »Ganz feine Samenkörner.« – »Öffne eines von ihnen. Was siehst du da?« – »Nichts, Vater.« Der sprach zu ihm: »Der feinste Stoff, den du nicht wahrnimmst, aus dem besteht der große Feigenbaum. Dieser Stoff durchzieht den Kosmos, das ist das Wahre, das bist du, Shvetaketu!«[59] – Da bittet der Sohn um weitere Belehrung. »Lege dieses Salz hier in Wasser und setze dich morgen früh wieder zu meinen Füßen.« Am nächsten Morgen sagte der Vater: »Bring' mir nun das Salz, das du gestern in das Wasser getan hast.« Da tastete er nach dem Salz, konnte es aber nicht finden. »Koste vom Rand des Wassers. Wie schmeckt es?« – »Salzig.« – »Koste von der Mitte des Wassers. Wie schmeckt es?« – »Salzig.« – »Koste von unten. Wie schmeckt es?« – »Salzig.« – »Iß etwas und setz' dich zu mir.« Das tat er mit den Worten: »Das Salz bleibt immer.« Da sprach er zu ihm: »Wahrlich, das in diesem Wasser Seiende, mein Lieber, kannst du nicht greifen, und dennoch ist es darin. Dieser feinste Stoff durchzieht den Kosmos, das ist das Wahre, das bist du, Shvetaketu!« – Dieser feinste Stoff, das Brahman, aus dem alles besteht, das sind wir je selbst.

Während der Achsenzeit suchten die vorsokratischen Philosophen[60] in Griechenland die *arché*, den Ursprung, den Urgrund, die Ursache alles Seienden: Thales beispielsweise hält das Wasser für den Urstoff, weil alles Lebendige feucht sei, alles Tote dagegen vertrocknet. Anaximander wiederum hält das *ápeiron*, das Unendliche, Unermeßliche, Unbegrenzte für den Ursprung der Dinge, woraus die vier Elemente Feuer, Wasser, Erde und Luft erst hervorgegangen seien. Anaximenes dagegen hält die Luft für früher als das Wasser und sagt, der Urgrund alles Seienden sei die Luft. Alles entstünde aus einer Verdichtung der Luft und vergehe infolge von Verdünnung. Heraklit schließlich entdeckt, daß alles fließt und nichts besteht. – Außer dem Sein selbst, entgegnet ihm Parmenides und identifiziert das Sein mit dem Denken. Wenn er in dem berühmten Satz sagt *to gar auto esti noein te kai einai*, »denn dasselbe ist Denken und Sein«, dann findet sich in den Upanishaden der gleiche Gedanke: »Das brahman ist das Denken.«[61] Das reine Sein entdeckten zuvor die Inder als Brahman.

Das Sein ist nach Hegel der leerste aller Begriffe, das »unbestimmte Unmittelbare«.[62] Auch wenn Hegel über die indische Meditationspraxis spottet, trifft er den Kern des Denkens der Upanishaden, indem er schreibt: »es ist alles dasselbe, was der Inder, wenn er äußerlich bewegungslos und ebenso in Empfindung, Vorstellung, Phantasie, Begierde u.s.f. regungslos jahrelang nur auf die Spitze seiner Nase sieht, nur Om, Om, Om innerlich in sich oder gar nichts spricht, – *Brahma* nennt. Dieses dumpfe, leere Bewußtsein ist, als Bewußtsein aufgefaßt, – das

Sein.«[63] – Das Brahman ist der Ursprung alles Seienden, das Sein: »Das Brahman ist diese ganze Welt«, lehren die Upanishaden.[64] Das All wird dort mit der heiligen Silbe »Om« identifiziert: »Wie von einem Nagel alle Blätter durchbohrt sind, so ist von dem Omlaut alle Rede durchbohrt. Der Omlaut ist dies alles; der Omlaut ist dies alles.«[65] – Ob Hegel das wußte?

Aber wie unterscheidet sich die indische Konzeption des Menschen von der abendländischen, wenn sowohl die Inder wie die Griechen während der Achsenzeit den Geist entdecken? – Heinrich Rombach hat auf einen Unterschied aufmerksam gemacht, der deutlich wird durch die Gegenüberstellung der indischen Konzeption von *Brahman* und *Atman* einerseits und der griechischen Konzeption von *Nous* und *Logos* andererseits: Brahman ist über allem endlich Seienden. Es ist das eigentliche, unendliche, einzig wirklich Seiende, ewig und unbeweglich in sich selbst ruhend. Atman dagegen ist das individuelle Selbst, das wie alles andere Seiende nicht wirklich existiert, sondern aufgrund von Täuschung *(Maya)* hervorgebracht wird, sich ständig verändert und von daher vernachlässigt werden kann. Rombach schreibt: »Alles Endliche ist dagegen in Verwandlung begriffen und damit eigentlich nicht seiend, webt nur am ›Schleier der Maya‹ und gehört in den Täuschungszusammenhang, der alles Irdische und Endliche gefangenhält. All dies täuscht uns ein Sein vor, das es nicht hat, und es enttäuscht uns in dem Umfang, in dem wir uns ihm widmen. Die ›Weisheit‹ besteht wesentlich in der Durchschauung dieses Täuschungszusammenhangs und darin, der irdischen Gefangenschaft durch die Dinge und dem scheinhaften Sein zu entrinnen, um sich unverwandt zum Ganzen und Wahren zu halten und diesem, dem Brahman, das scheinhafte Selbstsein Atman zu opfern. Philosophie ist *Askese*, Sichweghalten vom Schein und Aufgehen im Geist, der das eigentliche und einzig Wirkliche ist.«[66]

Ganz anders die Konzeption der Griechen: dem großen und allgemeinen, allesdurchwaltenden Geist, *Nous*, ist ein individueller, persönlicher Besitz im Menschen, der *Logos*, zugeordnet, »und zwar so, daß dieser Logos in Identität zum Nous steht. Der Logos, der später von den Lateinern Intellectus und Ratio genannt wird, ist gleichsam der Ableger des allgemeinen Geistes im einzelnen Menschen und befähigt diesen zur grundlegenden und allgemeinen Weltansicht (philosophia), die sich auch ins einzelne hinein entwickeln läßt und dann *Wissenschaft* (episteme, scientia) hervorbringt. Beim Tode des Menschen löst sich diese Verbindung des allgemeinen Geistes mit dem Individuum auf und die individuelle Vernunft geht in die allgemeine Vernunft über. Die Vernunft ist während der Lebzeiten das Prinzip des Allgemeinen im Individuum und stiftet von daher eine grundsätzliche Gemeinschaft aller Menschen, die sich in unbedingten, eben vernünftigen Handlungen (ethische Tugenden) und unbedingten, vernünftigen Erkenntnissen (dianoetische Tugenden) manifestiert.«[67] Anteil am allgemeinen Geist hat der Mensch folglich im abendländischen Kulturraum durch Zuwendung zur Welt, und er erfährt die Einigung mit dem Weltgeist zu Lebzeiten durch *wissenschaftliche* Erkenntnis und *sittliches* Handeln. Daran hat auch die christliche Erlösungslehre nichts zu ändern vermocht – im Gegenteil: die christliche Dogmatik wurde an die weltzugewandte griechische Konzeption angepaßt, und das System der Wissenschaften konnte sich seit dem Mittelalter bis zum heutigen Stand entwickeln. In Indien dagegen wurde der wissenschaftlichen Forschung erheblich weniger Aufmerksamkeit geschenkt, da das in-der-Welt-Seiende als durch Täuschung und Illusion hervorgebracht galt. Das Wahre ist nach der indischen Konzeption nur durch Abwendung von der Welt, nur durch Askese, erreichbar. – Wenngleich dies eine sehr verallgemeinerte Darstellung ist, stellt sie doch den Hauptunterschied zwischen indischem und europäischem Denken klar heraus.

Karma, Samsara und Moksha

In den Upanishaden findet sich zuerst die Idee, daß die Taten, die jemand im Laufe seines Lebens vollbracht hat, weitere Folgen haben werden, so daß Spekulationen angestellt wurden, was mit dem Atman nach dem Tod des Leibes geschehen werde. Im Vergleich dazu sei daran erinnert, daß die westlichen Religionen Christentum und Islam vereinfacht gesagt behaupten, daß die Seele des Menschen nach seinem Tode – je nach seinen guten oder schlechten Taten – in den Himmel oder in die Hölle gelange (läßt man die »Auferstehung des Fleisches« oder das »Reich Gottes auf Erden« einmal unberücksichtigt). Die östlichen Religionen Hinduismus und Buddhismus lehren dagegen, daß der Mensch nach seinem Tode – je nach seinen guten oder schlechten Taten, dem *Karma* – unter besseren oder schlechteren Lebensbedingungen wiedergeboren werde.[68] In Indien sagt man: »Wie unter tausend Kühen das Kalb seine Mutter herausfindet, so verfolgt die früher begangene Tat ihren Täter«[69], und in der Bhagavadgita heißt es, daß wir niemals nicht waren, noch werden wir jemals nicht sein (2, 12); denn die indische Kosmogonie geht davon aus, daß alles anfangslos ist:

> »So wie für die verkörperte Seele in diesem Körper
> Kindheit und Jugend und Alter sich folgen,
> so folgt Erlangung eines anderen Körpers, ...« (2, 13)[70]

Von der Kindheit und der Jugend das ganze Leben hindurch bis zum Alter verändert sich die Seele nicht. Genausowenig aber ändert sich die Seele nach dem Tod. Sie geht dann in einen neuen Körper ein:

»Wie ein Mensch zerschlissene Kleider ablegt
und neue, andere anlegt,
so legt die Seele zerschlissene Körper ab,
verbindet sich mit anderen, neuen.« (2, 22)[71]

Nicht nur einmal oder zehnmal oder hundertmillionenmal wird man wiedergeboren, glauben die Hindus, sondern unendlich oft. Dieser Geburtenkreislauf ist ohne Anfang. Im Gegensatz zum westlichen, linearen Zeitverständnis ist das Weltbild der Inder zyklisch. Das Karma, das man in seinem Leben ansammelt, läßt sich verstehen wie ein Konto bei der Bank: hat man auf der positiven Seite Punkte angesammelt, wird man im nächsten Leben unter besseren Bedingungen wiedergeboren, hat man auf der negativen Seite Punkte angesammelt, wird man unter schlechteren Bedingungen wiedergeboren. Jeder ist also selbst für seinen jetzigen Zustand verantwortlich, war es doch ein jeder selbst, der in seinen letzten Leben gutes oder schlechtes Karma angehäuft hat. Damit ist jeder seines Glückes Schmied, oder anders gesagt, muß jeder die Suppe auslöffeln, die er sich selbst eingebrockt hat. Alle Lebewesen unterliegen diesem Kreislauf, sogar die Götter, sagen die Hindus. Dieser Kreislauf heißt *Samsara.*[72]

Zum Verständnis des Hinduismus und Buddhismus und der dazugehörigen indischen Philosophie ist Samsara der Schlüssel. Wie weit diese Vorstellung von den sich in diesem und in den nächsten Leben auswirkenden Taten nicht nur die spekulative Philosophie betrifft, sondern in das Alltagsdenken der Menschen eingeflossen ist, ist nicht eindeutig geklärt. Der indische Psychologe Sudhir Kakar aber schreibt: »Dieses Weltbild steckt einem Hindu so in den Knochen, daß er sich dessen gar nicht bewußt sein muß.«[73] Mit diesem Weltbild läßt sich die Beständigkeit der Kastenordnung über Jahrtausende erklären, aber auch die typisch indische Art, gelassen mit seinem Schicksal umzugehen, obgleich man in größter Not und Armut lebt.

Man glaubt also in Indien, jede Tat habe eine doppelte Wirkung: zum einen die direkte Folge der Handlung und zum anderen eine sich später auswirkende Folge. Jedes Lebewesen, vom Grashalm bis zum Gott Brahma, unterliegt dem karmischen Gesetz des Samsara. Oftmals wird in Indien die Tat mit einem Samen verglichen, dessen Früchte man später erntet. »So wie jeder Same«, erläutert Glasenapp, »sobald die erforderlichen Umstände dafür vorhanden sind, zu einer ihm entsprechenden Frucht heranreift, so bringt jedes Tun mit Notwendigkeit außer seiner momentanen sichtbaren äußeren Wirkung eine zunächst unsichtbare hervor, die sich entweder schon in diesem Leben, zumeist aber erst in einer zukünftigen Existenz äußert.«[74] Da das Handeln diese Doppelwirkung hat und sowohl gute als auch schlechte Taten dem Wiedergeburtskreislauf kein Ende setzen, weil immer neues Karma angesammelt wird, muß man überhaupt aufhören zu handeln, um sich aus dem Samsara zu befreien: »Nur das Abstehen vom Wirken, die Loslösung vom Begehren verbürgt, daß dieses Hochziel erreicht wird. Die Askese ist deshalb das Mittel, das dem Kreislauf der Existenzen ein Ziel setzt.«[75]

Die Erlösungsvorstellung besteht also im Hinduismus und Buddhismus darin, aus diesem unendlichen Geburtenkreislauf *(Samsara)* auszusteigen und nicht mehr wiedergeboren zu werden, zu verlöschen: diesen Zustand nennen die Buddhisten *Nirvana* und die Hindus *Moksha*. Das Streben nach Moksha setzt voraus, daß man erkannt hat, daß das Leben nicht lebenswert, sondern leidvoll ist. Das ist auch in Indien nicht jedermanns

Sache – im Gegenteil: nur wenige Asketen oder Yogis bemühen sich direkt um Erlösung. Aber in Indien sagt man, daß es ein großes Glück sei, als Mensch geboren zu sein, denn als Mensch sei man der Erlösung am nächsten. Das Tier weiß nichts vom Leid des Lebens, und als Gott vergißt man vor lauter Freude das Aussteigen aus dem Geburtenkreislauf. Als Mensch aber leidet man genug und weiß um die Erlösung. So bemühen sich Indiens heilige Männer, kein Karma mehr anzusammeln, denn Moksha ist das höchste Ziel, das es zu erreichen gilt. Aber wie ist Moksha zu erreichen?

Drei Wege werden in Indien genannt: *Karma-Marga* ist der Weg der Tat oder des Handelns. Dieser Weg bezeichnet den gesamten Bereich der praktischen Lebensführung. Moksha wird erreicht, indem man seiner Pflicht *(Dharma)* im Rahmen der Kastenordnung und der Lebensstadien nachkommt. Ein anderer Weg ist *Jnana-Marga*, der Weg der Erkenntnis. Dieser Weg wird als der höchste und reinste aller Erlösungswege angesehen: Jnana-Marga besagt, daß Erkenntnis zur Erlösung führt, daß Wissen heilbringend ist. Erlösung durch Wissen setzt auf der anderen Seite voraus, daß der normale, unerlöste Zustand auf Unwissenheit beruht. Durch Askese und Yoga geht es darum, zum eigenen Selbst zu gelangen, denn die Welt, wie sie durch die Sinne wahrgenommen wird, ist *Maya* (Täuschung). Der dritte Weg ist *Bhakti-Marga*, der Weg der liebenden Hingabe an Gott. Diese Gottesliebe äußert sich in Musik, Blumenschmuck oder Speiseopfer, die dem Gott zuhause oder im Tempel dargebracht werden *(Puja)*, aber auch in den moralischen Tugenden oder der Wallfahrt. Das ist nicht nur der Weg der sozial Tieferstehenden, sondern vor allem der Weg der breiten Masse, denn die wenigsten Hindus leben in Askese.

Varna-ashrama-dharma: Die vier Kasten, die vier Lebensstadien und die vier Lebensziele

Kaum etwas anderes rief bei Indienreisenden soviel Verwunderung, Unverständnis und Vorurteile hervor, wie die komplizierte Sozialstruktur der Inder: die Kastenordnung. Der indische Schriftsteller R.K. Narayan befürchtet denn auch, daß ausländische Beobachter enttäuscht wären, sollte die Kastenordnung vollkommen verschwinden – Indien hätte eine Attraktion weniger! Aber lassen wir ihn seinen Eindruck selbst beschreiben: »Einmal besuchte mich eine Dame aus einem fernen Land. Als ich sie fragte, was ich für sie tun könne, antwortete sie: ›Ich würde gerne indischen Kaffee im indischen Stil trinken.‹ Das war eine verständliche Bitte. Nach dem Kaffee sagte sie: ›Nun möchte ich das Kastensystem sehen. Kann ich es in Ihrem Haus besichtigen?‹ Ich blinzelte eine Weile und erzählte ihr dann, daß das Kastensystem keine Rarität hinter Glas sei, die man auf Verlangen vorführen könne. ›Was ist es dann‹? fragte sie wie in einem Verhör. Ich erklärte es ihr und warf dabei in meine Sätze an den passenden Stellen solche Begriffe wie *Varna-Rama-Dharma* usw. ein. Sie war entsprechend beeindruckt. ›Zu welcher Kaste gehören Sie?‹ fragte sie. Ich sagte es ihr. Sie wollte es nicht glauben. ›Das können Sie mir nicht erzählen! Wenn Sie wirklich ein Brahmane wären, hätten Sie nicht mit mir Kaffee getrunken. Soviel weiß ich immerhin!‹ Ich spürte, daß ihre Beobachtung nicht unberechtigt war, und erklärte ihr, daß das Kastensystem in unserem Land im Verschwinden begriffen sei und es das Ziel der Nation sei, eine kastenlose Gesellschaft zu schaffen. Sie war entsetzt. ›Was, kein Kastensystem mehr!‹ Sie sah aus, als hätte ich ihr erzählt, daß der Himalaya versetzt werden solle. Gleich darauf fragte sie: ›Was werden Sie uns statt dessen geben, die wir Tausende von Meilen kommen, um ihr Land zu sehen?‹«[76]

Am einfachsten läßt sich die Struktur der Kasten erklären, indem man sie mit der Ständegesellschaft des europäischen Mittelalters vergleicht. Gelten seit der Epoche der Aufklärung in Europa die Menschen als gleich, erscheint die Kastenordnung der Inder als Manifestation der Ungleichheit. Aber genau darauf beruht die Kastenordnung: man geht in Indien von der Ungleichheit aus! Das Kastensystem, das trotz offizieller Abschaffung auch nach der Unabhängigkeit weiterbesteht, wird von dem Gedanken getragen, daß nicht alle Menschen gleich seien, sondern vielmehr unterschiedlich. Das Kastensystem, meint Peter Schreiner, könne »wohl als der Versuch verstanden werden, die tatsächliche Verschiedenheit der Menschen und ihrer Veranlagungen in Rechnung zu stellen«.[77]

Diese Unterschiede drücken sich darin aus, daß man seinem Karma gemäß in unterschiedlichen Kasten geboren wird. Jede Kaste hat innerhalb der indischen Gesellschaft andere religiöse wie soziale Pflichten, und ein jeder muß seinem Dharma gemäß leben, um gutes Karma anzuhäufen. Der Dharma aber ist jeweils ein anderer: wie das Feuer einem anderen Dharma folgt als das Wasser, der Tiger einem anderen als die Ziege, die Frau einem anderen als der Mann, so muß auch der Brahmane andere sozial-religiöse Pflichten erfüllen als der Shudra. Dabei hat das Kastensystem über Jahrhunderte die verschiedensten ethnischen Gruppen in Indien sozial integriert. Der indische Soziologe Kuppuswamy weist auf diese Integration hin, wenn er schreibt: »Das Kastensystem sorgt dafür, daß alle notwendigen Funktionen [das heißt gesellschaftliche Aufgaben] erfüllt werden, vom Gottesdienst bis zur Straßenreinigung.«[78] Jedem Stand ist eine Aufgabe innerhalb der Gesellschaft zugeteilt. Vollkommenheit oder Moksha ist nur zu erreichen, indem man dieser Pflicht nachkommt. Man sagt sogar, es sei besser, die eigene Standespflicht unvollkommen auszuführen, als die Pflicht eines anderen Standes vollkommen zu erfüllen. Nur wenn man die eigene Pflicht verrichte, häufe man kein negatives Karma an. So heißt es in der Bhagavadgita:

> »Besser ist des eigenen Standes Ordnung,
> auch wenn sie keine Vorzüge hat,
> als eines fremden Standes Ordnung, gut erfüllt.
> Wenn jemand jene Tätigkeit ausübt,
> die durch seine Natur ihm vorgegeben ist,
> erlangt er keinen Makel.« (18, 47)[79]

Der indische Begriff für »Kaste« (besser: Stand) ist *Varna*, was ursprünglich »(Haut-)Farbe« bedeutet. Wichtiger als die Einteilung in die vier Stände ist Jati: *Jati* (oft mit »Unterkaste« übersetzt) bedeutet »Geburt« und bildet die Unterordnung innerhalb der Stände. »Die klassische Schichtung nach rituellem Rang ist in den Dörfern allerdings nur selten rein zu beobachten«, schreibt Kantowsky. »Ein landloser Brahmane genießt zwar ein rituell hohes Ansehen, doch wird in Dorfangelegenheiten ein Koeri-Großbauer das entscheidende Wort mitzureden haben. Es sei denn, der Brahmane hat eine höhere Schulbildung und damit womöglich auch eine Beamtenstelle bekommen.«[80]

Ursprünglich war die indische Gesellschaft in vier Stände (Varna) unterteilt: den Brahmanen (Lehrstand), den Kshatriyas (Wehrstand), den Vaishyas (Nährstand) und den Shudras (Diener). Diese klassische Gliederung findet sich auch schon bei Platon und entspricht außerdem dem idealtypischen Modell der europäischen Ständegesellschaft des Mittelalters – mit dem Unterschied, daß in Indien der Klerus oben steht: Brahmanen sind die intellektuelle Elite, die die heiligen Schriften kennt und für die Opferpraxis zuständig ist – deshalb hat man sie mit Priestern verglichen. Kshatriyas sorgen für den Schutz der Gemeinschaft – etwa das, was bei uns die Aufgabe von Politikern und

Soldaten (früher: Adel) ist. Vaishyas sind Kaufleute und Gewerbetreibende, und Shudras bilden die Arbeiterklasse. Brahmanen, Kshatriyas und Vaishyas gelten als die »Zweimalgeborenen«. Die Bezeichnung ist eine Metapher und meint den Initiationsritus der Hindus, bei dem dem jungen Hindu die Heilige Schnur umgelegt wird. Nun darf er den Veda studieren. Shudras dagegen bekommen weder die Heilige Schnur, noch dürfen sie die heiligen Schriften lesen. Neben den vier Ständen gibt es noch die Parias, die außerhalb des Varnasystems stehen und einen erheblichen Anteil der indischen Bevölkerung ausmachen, aber als kastenlos gelten. Vor allem Gandhi setzte sich für die Kastenlosen ein, die er liebevoll *Harijans* (»Kinder Gottes«) nannte und die in Indien als so unrein gelten, daß man sie auch als »Unberührbare« bezeichnet. In der Bhagavadgita werden die vier Kasten so beschrieben:

»Ruhe, Beherrschtheit, Askese, Reinheit,
Duldsamkeit und Aufrichtigkeit,
Erkenntnis, ihr Erkennen, Rechtgläubigkeit
bilden das Tun des Brahmanenstandes,
wie es aus seiner Natur entspringt. (18, 42)

Tapferkeit, Feuereifer, Durchhalten,
Geschicklichkeit und auch Nichtfliehen im Kampf,
Freigebigkeit und herrisches Gehabe
bilden das Tun des Kriegerstandes
wie es aus seiner Natur entspringt. (18, 43)

Ackerbau, Viehzucht und Handel,
bilden das Tun des Nährstandes
wie es aus seiner Natur entspringt.
Dienend ist das Tun des Shudra,
das auch bei ihm aus seiner Natur entspringt.« (18, 44)[31]

In die Kaste wird man, ähnlich wie in den mittelalterlichen Stand, hineingeboren und kann seinen sozialen Status in diesem Leben nicht mehr ändern. Auch hier übernehmen die Söhne den traditionellen Beruf des Vaters, und die Heirat findet nur innerhalb der Kaste statt. Erstmals werden die vier Varnas in einem späten Vers des Rig-Veda genannt. Darin wird erzählt, daß der Purusha von den Göttern geopfert wurde. Aus den Teilen des Opfers entstand die Welt, und genauso entstanden die vier Varnas aus Purusha: »Sein Mund ward zum Brahmanen, seine beiden Augen wurden zum Rajanya gemacht, seine beiden Schenkel zum Vaishya, aus seinen Füßen entstand der Shudra« (Rig-Veda X, 90, Vers 12). Dadurch wird deutlich, daß das Kastensystem in Indien von Anfang an gesamtgesellschaftlich verstanden wurde: der Brahmane kann ohne den Shudra nicht stehen! Deshalb bemerkt Rothermund: »Das ›Kastensystem‹ war nur in seiner Interpretation durch normensetzende Brahmanen ein ›System‹, in der Praxis war es ein loses Zuordnungsschema, das es erlaubte, verschiedene, nebeneinander lebende Gemeinschaften anzuerkennen und das jeweils eigene Verhältnis zu ihnen zu bestimmen. Das von den Brahmanen gerechtfertigte System von vier hierarchisch geordneten Kasten *(varna)* spielt nur theoretisch eine Rolle, praktisch gilt die Unterscheidung in jene Kasten *(jati)*, auf die sich das Wort in seiner Grundbedeutung bezieht. Das portugiesische Wort ›casta‹ ist nämlich eine recht getreue Übersetzung von ›jati‹ (Rasse, Art, durch Geburt bestimmt). So werden zum Beispiel im Portugiesischen die Traubensorten (Riesling, Silvaner etc.) als ›casta‹ bezeichnet. Dabei geht es ohne Zweifel nicht um ein hierarchisches System, sondern um eine klassifikatorische Zuordnung dieser Arten oder Sorten.«[82]

Darüber hinaus sind im individuellen Leben vier idealtypische Lebensstadien *(Ashrama)* von großer Bedeutung: Studium,

Familienvaterschaft, Waldeinsamkeit und Entsagung. Unterstellt man ein hundertjähriges Leben, dauert jedes Stadium 25 Jahre – so jedenfalls erklären es gerne idealtypisch die Inder. In jeder dieser Phasen hat der Hindu bestimmte Pflichten zu erfüllen. Ein indisches Sprichwort sagt: Wird ein Mann geboren, weint er und die Welt lacht; aber er soll ein solches Leben führen, daß, wenn er stirbt, er lacht und die Welt weint. Betont werden muß hierbei, daß es sich um ein Ideal handelt: konsequent wurden und werden die Lebensstadien nicht durchlaufen. Praktisch relevant sind nur die ersten beiden Stadien. Aber als Vorbild genießen die vier Ashramas große Bedeutung.

1. Brahmacharya – Schüler

Mit der Verleihung der Heiligen Schnur ist der junge Hindu initiiert. Traditionell sucht er sich jetzt einen Guru (Lehrmeister), mit dem er zurückgezogen im Ashram wohnt. Seine Aufgabe ist zu lernen, sich Bildung anzueignen; kurz: den Veda zu studieren. Während dieser Zeit hat er keusch und enthaltsam zu sein.

2. Grihastha – Familienvater

Durch die Heirat erreicht der Hindu das zweite Lebensstadium. Seine Aufgabe ist nun, Nachkommen zu zeugen, seinen Beruf auszuüben und für die Familie zu sorgen, nach Reichtum und Besitz zu streben, materielle Sicherheit und Wohlergehen zu erreichen. In diesem Stadium muß er seine Pflichten gegenüber der Gesellschaft erfüllen.

3. Vanaprastha – Einsiedler

Wenn der erste Enkelsohn geboren wurde, ist die Zeit für den Rückzug gekommen. Meditation und Studium der Heiligen Schriften, was einen frommen Hindu sein Leben lang begleitet, stehen hier im Vordergrund. Er zieht sich vom Weltlichen an einen ruhigen Ort (Wald) zurück, besucht heilige Stätten und hält sich im Ashram auf. Dabei darf ihn seine Ehefrau begleiten.

4. Sannyasin – Entsager

Der Hindu verzichtet jetzt auf die weltlichen Bedürfnisse und führt ein mönchisches Leben. Er hat nun keine sozialen Verpflichtungen mehr, und sein einziges Ziel ist Moksha. Schreiner schreibt über diese letzte Stufe des Entsagers: »Man legt die heilige Schnur und damit alle Verpflichtungen gegen die Gesellschaft, gegen die Ahnen und Götter ab; man stirbt symbolisch, rituell und für die Gesellschaft. Der Entsager ist im Idealfall der Erlöste, der Befreite, der jenseits der Ordnung von Kasten und Lebensstadien steht; zumindest verkörpert er das Ziel allen religiösen Strebens der Hindu, die Befreiung von allen weltlichen Banden.«[83]

Einige wenige Hindus, die sich berufen fühlen, bleiben als Brahmacharya bei ihrem Guru, leben ihr ganzes Leben enthaltsam, meditieren und studieren. Sie werden Sannyasin, ohne das zweite und dritte Stadium durchlaufen zu haben, und leben als Yogis in Höhlen oder im Wald. Sie werden von der Bevölkerung verehrt und sind spirituelle Meister. Ihr einziges Streben gilt Moksha, was die meisten aber in diesem Leben nicht erreichen. Wie lange das Ausbrechen aus dem Samsara dauern kann, erzählt eine Legende: Ein Sannyasin, der schon Jahrzehnte in Askese verbracht hatte, saß meditierend unter einem Baum, als Narada, der Seher der Götter, sich ihm offenbarte und sagte, daß er einen Wunsch frei habe. »Nun«, sagte der Sannyasin, »dann hätte ich gerne gewußt, wieviele Leben ich noch in Askese verbringen muß?« Da antwortete Narada: »Siehst du die Blätter dieses Baumes? Erst wenn du soviele Leben hinter dich gebracht hast, wie der Baum Blätter hat, erreichst du Moksha!« Da sprang der Sannyasin freudig auf und jubelte: »Was – nur noch so wenige?«

Für den Hindu gibt es vier Lebensziele: Kama, Artha, Dharma und Moksha. Kama ist das Streben nach dem Angenehmen und dem Verlangen sowie die Neigung, der Begierde nachzugeben;

also jeglicher Sinnesgenuß. Das schließt Sexualität ein: »Der Liebesgenuß gilt dem Hindu gleich dem Essen als ein unbedingtes Erfordernis für das Gedeihen des Leibes; sein Fehlen führt gleich dem Hunger zu Kummer, Trübsal und Verzweiflung, wie man am Beispiel unglücklich Liebender erkennen kann.«[84] Artha ist das Streben nach dem Nützlichen, der Erwerb von Besitz, Vermögen, Wohlstand, Ansehen, Freunden, Erfolg, Wissen und Macht. Dharma ist Pflichterfüllung und das Streben nach dem Guten, und Moksha ist das Streben nach Befreiung und Erlösung. Die vier Kasten *(varna)*, die vier Lebensstadien *(ashrama)* und die vier Lebensziele *(dharma)* werden als zusammengehörig angesehen und als *varnashramadharma* bezeichnet. – Eine Ethik des Hinduismus formuliert nicht einige, wenige Werte und Gebote, die für alle Gültigkeit beanspruchen, sondern schreibt ganz unterschiedliche Verhaltensweisen für den einzelnen vor je nach Geschlecht, Kaste, Lebensstadium und Lebensziel.

Buddha

Ebenfalls während der Achsenzeit lebte Siddharta Gautama, der historische Buddha. Die genauen Lebensdaten sind nicht bekannt.[85] Wir können jedoch davon ausgehen, daß Buddha um 500 v. Chr. im nördlichen Indien gelebt hat. Der »Prinz« Siddharta war der Sohn eines Regionalfürsten, der dem Geschlecht der Shakiya angehörte, weshalb er manchmal auch als *Shakiyamuni* (»der Weise der Shakiyas«) bezeichnet wird. Er wuchs wohlbehütet und verwöhnt auf, seine Jahre am Hof schildert er später als äußerst sorgenfrei und luxuriös. Der Legende nach soll Siddharta vier Ausfahrten unternommen haben, bei denen ihm jeweils ein Alter, ein Kranker, ein Toter und ein Asket begegnet sind, wodurch er schmerzlich erkennen muß, daß auch er altert, krank werden kann und irgendwann sterben wird. Durch die Begegnung mit dem Asketen begreift er, daß es einen Ausweg von Alter, Krankheit und Tod gibt und daß er durch Enthaltsamkeit und Askese die Erlösung von diesen Leiden erreichen kann. Wenige Jahre später, in der Nacht der Geburt seines Sohnes, verläßt Siddharta im Alter von 29 Jahren den elterlichen Palast und zieht in die Hauslosigkeit. Er schert sich die Haare, legt ein Bettlergewand aus Stoffetzen an und wird Asket.

Zunächst lebt Siddharta in sehr extremer Askese, bis er erkennt, daß diese nicht zu seinem angestrebten Ziel führt. Später lehrte er, daß nur der »mittlere Weg« heilvoll sei. Nach sechs Jahren in der Hauslosigkeit überkommt ihn unter einem Baum sitzend die Erleuchtung: er ist nun ein *Buddha* (wörtl. der »Erwachte«); er hat den Geburtenkreislauf durchbrochen und das *Nirvana* (wörtl. das »Verlöschen«) erreicht. Er kann sich jetzt an alle seine vorherigen Existenzen erinnern, er hat das Wissen um Geburt und Tod aller Wesen, und er hat die Gewißheit, daß er sowohl Unwissenheit wie Leidenschaft, die ihn bisher in den ewigen Kreislauf des Werdens eingebunden und zu immer neuen Wiedergeburten geführt haben, für immer überwunden hat.

Nach anfänglichem Zögern entschließt Buddha sich doch, sein Wissen aus Mitleid mit den anderen an sie weiterzugeben und wandert nach Benares, wo er in einem nahegelegenen Gazellenhain in seinen ehemaligen Weggefährten seine ersten fünf Anhänger findet. In der ersten Lehrrede, der berühmten Predigt von Benares, erläutert er ihnen den »mittleren Weg«: es gebe zwei gegensätzliche Verhaltensweisen, die nicht zum Wissen, zur Erleuchtung, zum Verlöschen führen. Die eine ist die, sich den Begierden, der Lust und der Freude hinzugeben, die zu keinem Ziel führe, und die andere ist die der Selbstkasteiung und der extremen Askese, die keinen Zweck habe. Darauf verkündet er die »vier edlen Wahrheiten«, die Kernlehre des Buddhismus, in denen er wie ein Arzt zuerst das Leiden feststellt, dann die Ursache des Leidens bestimmt, darauf die Aufhebung des Leidens diagnostiziert und schließlich den Weg zur Heilung weist:

1. Geburt, Alter, Krankheit und Tod sind leidvoll, kurz: Das ganze Leben ist leidvoll. Die edle Wahrheit vom Leiden muß erkannt werden, um aus dem Samsara auszusteigen und das Nirvana zu erreichen. – Buddha stellt das Leiden fest. (Symptom)

2. Die Ursache des Leidens sind das Streben, die Gier, der Durst. Dieser Lebensdurst führt zur Wiedergeburt. – Buddha stellt die Ursache des Leidens fest. (Befund)

3. Die Aufhebung des Leidens geschieht durch das Sichbefreien vom Streben, der Gier, dem Durst. Durch Abwendung von den Leidenschaften ist Befreiung vom Leiden möglich. – Buddha stellt fest, wie Heilung vom Leiden möglich ist. (Diagnose)

4. Die Befreiung vom Leiden erfolgt durch den »edlen achtfachen Pfad«: rechte Ansicht, rechtes Denken, rechtes Reden, rechtes Handeln, rechtes Leben, rechtes Streben, rechte Achtsamkeit, rechte Meditation. – Buddha weist den Weg zum Heil, zur Erlösung, zum Nirvana. (Therapie)

Der achtfache Pfad ist keine metaphysische Spekulation, sondern eine konkrete Lebenshilfe, um das Nirvana, die Erlösung von Leid und Wiedergeburt, zu erreichen. Metaphysische Spekulationen aller Art hat Buddha immer wieder zurückgewiesen, weil sie nicht zur Erlösung führen, sondern nur noch mehr in den Geburtenkreislauf verstricken. Philosophie zu betreiben, so erläuterte er, gleiche einem Mann, der von einem giftigen Pfeil getroffen, zunächst nach der Art des Giftes, der Beschaffenheit des Pfeiles und den Motiven des Bogenschützen fragt, anstatt den Pfeil sofort herauszuziehen. Er geht sogar soweit, seine eigene Lehre für nutzlos zu erklären, insofern man bereits das Nirvana erreicht hat, indem er sie mit einem Floß vergleicht: Ein Mann baut sich zum Überqueren eines Flusses ein Floß. Am anderen Ufer angekommen, läßt er das Floß zurück und zieht weiter. Wie dieser Mann mit seinem Floß, so sollen auch die Anhänger Buddhas mit dessen Lehre verfahren, denn er verkünde sie zum Überschreiten und nicht, um sich daran festzuklammern.

Buddha erkennt die Wiedergeburtslehre und die damit verbundene Karmatheorie an. Er lehnt aber das Kastenwesen, den Veda, die Existenz von Gott oder Göttern und den Glauben an ein substantielles Selbst (Atman) ab und spricht deshalb vom *Anatman*, dem »Nicht-Selbst«. Die an das indische Substanzendenken gewöhnten ersten Buddhisten fragten sofort, was dann überhaupt wiedergeboren werde, wenn es ein Ich, ein Selbst, eine Seele gar nicht gibt?

Buddha erläutert darauf, daß das Dasein aus einer Anhäufung von fünf Faktoren *(skandhas)* bestehe: Körperlichkeit *(rupa)*, Empfindung *(vedana)*, Wahrnehmung *(samjna)*, Geistesregung *(samskara)* und Bewußtsein *(vijnana)*, die aber auch nicht als Substanzen mißverstanden werden dürfen. Gewöhnlich hält jeder Mensch diese Anhäufung der fünf Daseinsfaktoren, die seine Persönlichkeit ausmachen, für sein substantielles Ich. Gerade dieses Festhalten und Klammern an diesem illusorischen Ich aber ist eine der wichtigsten Ursachen für das ständige Wiedergeborenwerden. Das Leben ist deshalb leidvoll, weil alles vergänglich ist. Diese Daseinsfaktoren bestehen nur aus entstehenden und vergehenden Momenten *(Dharmas)*, die aber wiederum neue Momente auslösen und ins Sein bringen. Was von einer Geburt zur nächsten führt, ist nichts Substantielles, sondern nur der strukturale Zusammenhang der Verursachung, so wie das

Wetter von heute durch das Wetter von gestern verursacht ist und das Wetter von morgen verursachen wird, ohne daß das »Wetter« eine Substanz ist.[86] Strophen alter Meister, die diese Lehre (Leere) verdeutlichen sollen, hat Helmuth von Glasenapp sehr schön ins Deutsche übertragen:

»Niemand vollbringt eine Tat,
Niemand den Lohn davon hat,
Nur reine Dharmas rollen hin,
Das ist der Lehre wahrer Sinn.

Kein Brahmâ hat durch seine Macht,
Dies Dasein hier hervorgebracht,
Nur reine Dharmas sich bedingen,
Die vielen Ursachen entspringen.

Das Leid ist, niemand ist, in dem's entsteht,
Die Tat ist, doch kein Mensch, der sie begeht,
Nirvâna ist, doch keiner der verweht,
Der Weg ist, aber keiner, der ihn geht.«[87]

Der indische Philosoph Radhakrishnan würdigt Buddhas Lehre vom Werden am Anfang des zwanzigsten Jahrhunderts wie folgt, indem er nicht nur auf die Entdeckungen der modernen Naturwissenschaften verweist, sondern auch die Parallele des Strukturdenkens zu Heraklit sieht: »Durch den Buddha wurde vor 2500 Jahren eine wunderbare Philosophie des Dynamismus entwickelt, eine Philosophie, wie sie durch die Entdeckungen der modernen Wissenschaft und das Forschen des menschlichen Geistes jetzt für uns wiederentdeckt wird. Die elektromagnetische Theorie vom Stoff hat in der allgemeinen Vorstellungswelt der Physik eine völlige Umwälzung herbeigeführt. Er ist keine statische Materie mehr, sondern eine strahlende Energie. Ein ähnlicher Wandel ist auf dem Gebiete der Psychologie eingetreten. Von der Vergänglichkeit aller Objekte und der unaufhörlichen Änderung und Wandlung aller Dinge beeindruckt, schuf der Buddha eine Philosophie der Veränderung. Er führte Substanzen, Seelen, Monaden und Dinge auf Kräfte, Bewegungen, Folgen und Vorgänge zurück und entwickelte eine dynamische Vorstellung von der Wirklichkeit. Das Leben ist dann nichts weiter als eine Reihe von Offenbarungen des Werdens und Vergehens. Es ist ein Strom des Werdens. Die Welt der Sinne und der Erkenntnis lebt von Augenblick zu Augenblick. Sie ist ein ständiges Auf und Ab von Geburt und Tod. Wielange die Dauer eines Zustandes des Daseins auch sein mag – so kurz wie das Zucken eines Blitzes oder so lang wie ein Jahrtausend –, alles ist dennoch ein Werden. Alles unterliegt der Veränderung.«[88]

Nachdem Buddha noch fünfundvierzig Jahre nach Erreichen des Nirvana als wandernder Asket mit seinen Anhängern durch das Gebiet des mittleren Ganges gewandert war und seine Lehre verkündet hatte, verstarb er achtzigjährig und ging ins höchste Nirvana *(Parinirvana)* ein. Seine Lehre sollte nun für seine Anhänger die höchste Autorität haben, und in den folgenden Jahrhunderten verbreitete sich der Buddhismus von Indien aus nach Südostasien, nach China und Japan. Da vieles im Hinduismus und Buddhismus identisch ist, wie die Lehre vom Samsara und der karmischen Vergeltungstheorie, sehen viele Hindus heute die Lehre des Buddha als Bestandteil ihrer Religion an und glauben in der Verbreitung des Buddhismus über Asien die Ausdehnung hinduistischen Gedankenguts erkennen zu können, wenngleich es im heutigen Indien so gut wie keine Buddhisten mehr gibt.[89] Für sie ist die Aufteilung der westlichen Religionswissenschaft in Hinduismus einerseits und Buddhismus andererseits eine künstliche Trennung. Buddhisten beurteilen diesen Sachverhalt allerdings anders.

Die klassischen Erzählungen

Für die Tiefenstrukturen[90] des Hinduismus sind die beiden großen Epen *Mahabharata* und *Ramayana*, aber auch die »alten Erzählungen« der *Puranas* von besonderer Bedeutung: seit vielen Jahrhunderten werden die Geschichten erzählt, als Tänze aufgeführt oder als Theaterstücke inszeniert. Diese Tradition lebt bis heute fort, Motive daraus finden sich in den indischen Filmen, den »Hindi-Movies«, und das indische Fernsehen produziert aus den Stoffen große Fernsehserien. Der in Indien geborene englische Autor Salman Rushdie, der in seinen Romanen bewußt an diese Erzähltradition anknüpft, berichtet von einem Geschichtenerzähler und seiner Wirkung im heutigen Indien: »Ich war dieses Jahr in der Stadt Baroda, die ungefähr auf halben Weg zwischen Bombay und Delhi liegt. In der Nähe der Stadt lebt einer der bekannten Geschichtenerzähler Indiens, und er beschloß, eine Vorstellung seines Werkes, seiner Erzählungen zu geben. Grundsätzlich sind es Wiedergaben mythischer Erzählungen, aber sie sind wundervoll ausgeschmückt. Als er die Veranstaltung ankündete, bereitete man den *Maidan*, den riesigen offenen Platz in der Stadtmitte, vor, richtete mobile Verpflegungsstätten und Nottoiletten ein, leitete den Verkehr um und setzte Extrabusse für die Interessenten aus der Umgebung ein. Am Wochenende des Ereignisses kamen 600 000 Leute zusammen. Baroda hat 400 000 Einwohner. Die Zuhörerschaft war also 50 % größer als die gesamte Stadtbevölkerung. Und dieses Heer von Menschen saß zwei Tage lang auf einer Wiese, um zuzuhören, wie ein Mann Geschichten erzählt.«[91] – Diese Erzählkunst – und damit die Weitergabe von Erfahrungen – scheint im modernen Europa verlorengegangen zu sein.[92] Um so wichtiger ist es aber für das Verständnis des Hinduismus, sich zu vergegenwärtigen, daß bis heute so Sitte und Brauchtum, Werte und Normen tradiert werden, denn rund die Hälfte der heutigen indischen Bevölkerung sind Analphabeten.

Der Ursprung der Epen und Erzählungen ist nicht datierbar. Vermutlich werden diese Geschichten zumindest teilweise schon seit Jahrtausenden in Indien weitergegeben. Nachdem beide Epen lange Zeit mündlich tradiert worden waren, erhielt das Mahabharata in der zweiten Hälfte des vorchristlichen Jahrtausends seine heutige Form, indem es aufgeschrieben wurde. Das Ramayana gilt als etwas jünger, wobei Hauptteile des Ramayana jünger sind als die ältesten Teile des Mahabharata und älter als die jüngeren Teile.[93] Das Mahabharata besteht aus 90 000 Versen, mit späteren Einschüben hat es sogar über 100 000 Verse – damit ist es das umfangreichste Einzelwerk der Menschheit! Die berühmte Bhagavadgita, die Bestandteil des Mahabharata ist, hat jedoch nur 700 Verse. Das Ramayana ist mit 24 000 Versen erheblich kürzer als das Mahabharata.

Das Mahabharata erzählt die Geschichte von den fünf Söhnen Pandus, den Pandavas, und ihrer Auseinandersetzung mit den Söhnen von Pandus Bruder Dhritharashtra, ihren Vettern, den Kauravas.[94] Den Höhepunkt der Erzählung bildet der große Krieg zwischen den beiden verfeindeten Familien, den die Pandavas schließlich gewinnen. Kurz vor Beginn der Schlacht läßt sich einer der Pandavas, Arjuna, von seinem Wagenlenker Krishna zwischen die beiden kampfbereiten Heere fahren. Plötzlich überkommen ihn große Zweifel angesichts der Lehrer, Onkel und Vettern auf der gegnerischen Seite, und er sagt, daß er sie nicht töten könne, und fragt: »Wie könnten wir glücklich werden, [...], wenn wir einen Angehörigen getötet hätten?« (1, 37)[95] Arjuna sieht kein Heil darin, seine eigenen Leute, mit denen er aufgewachsen ist, zu töten:

»Ist eine Sippe erst vernichtet,
gehen die ewigen Ordnungswerte der Sippe unter;
ist die Ordnung dann verloren,
so überwältigt Ordnungslosigkeit die gesamte Sippe.« (1, 40)[96]

Krishna, der sich im Laufe des Gesprächs als Inkarnation (*avatara*, wörtl. »Herabkunft«) des Gottes Vishnu entpuppt, erklärt Arjuna, daß es seine Pflicht *(Dharma)* sei, in die Schlacht zu ziehen, denn der Leib könne sterben, die Seele aber sei unsterblich, und diese Pflichterfüllung basiere auf dem Vertrauen zu Gott. Dieses Gespräch bildet die Bhagavadgita. Krishna erwidert dem verzweifelten Arjuna, daß sein Mitleid und seine Trauer falsch seien, denn das Seiende könne nicht vergehen und das Nicht-Seiende könne nicht werden, weshalb auch die Seele unzerstörbar sei. Folglich kann die Seele weder töten, noch getötet werden:

»Nicht wird sie geboren,
noch wird sie jemals sterben, wenn sie entstanden ist,
noch wird sie künftig mehr werden,
Von alters her ist jene ungeboren, ewig und beständig,
sie wird nicht getötet,
wenn man den Körper erschlägt.« (2, 20)[97]

Arjuna soll unvermeidliche Tatsachen nicht betrauern:

»Denn allem, was geboren wurde, ist ja der Tod sicher,
und sicher ist Geburt für den, der Tod ist.« (2, 27)[98]

Jedoch sei es seine Standespflicht, so Krishna, zu kämpfen, »denn etwas Heilvolleres als pflichtgemäßen Kampf gibt es für den Krieger nicht« (2, 31).[99] – Die Bhagavadgita enthält in der didaktischen Form des Lehrgesprächs zusammengefaßt die wichtigsten Lehren des Hinduismus. Gandhi, der täglich darin las, schrieb einmal: »In der Bhagavadgita finde ich einen Trost, den ich selbst in der Bergpredigt vermisse. Wenn mir manchmal die Enttäuschung ins Antlitz starrt, wenn ich, verlassen, keinen Lichtstrahl erblicke, greife ich zur Bhagavadgita. Dann finde ich hier und dort eine Strophe und beginne alsbald zu lächeln inmitten aller niederschmetternden Tragödien – und mein Leben ist voll von äußeren Tragödien gewesen. Wenn sie alle keine sichtbare, keine untilgbare Wunde auf mir hinterlassen haben, verdanke ich dies den Lehren der Bhagavadgita.«[100] Und Radhakrishnan schreibt: »Das Ziel der *Gita* ist es nicht so sehr, eine Theorie zu lehren, als vielmehr mit Nachdruck eine Praxis, den *dharma*, darzutun. Wir können in der Theorie nicht trennen, was im Leben untrennbar ist. Die Pflichten des bürgerlichen und sozialen Lebens geben der Religion Aufgaben und Möglichkeiten. *Dharma* ist, was irdisches Wohlergehen und geistige Freiheit fördert.«[101]

Bisher war schon mehrfach von »Dharma« die Rede, und es ist nun notwendig, die Bedeutungsvielfalt des Begriffes aufzuzeigen: »Das Wort ›dharma‹ ist von großer Wichtigkeit für die Geschichte indischen Denkens, aber unglücklicherweise ist die Bestimmung seiner Bedeutung nicht einfach. Wörtlich bedeutet es ›das, was zusammenhält‹ und zeigt an, daß es die Grundlage aller Ordnung ist, sei sie sozial oder ethisch«, schreibt der indische Sanskrit-Professor Mysore Hiriyanna.[102] – *Dharma* ist abgeleitet von der Verbwurzel *dhri* (»tragen«, »aufrechterhalten«) und bezeichnet das Tragende, die Grundlage, »speziell die normative Grundlage jeglichen Verhaltens, wenn dieses der kosmischen und moralischen Ordnung entsprechen soll«.[103] Wie zum Beispiel der Dharma des Feuers (nämlich zu brennen) ein anderer ist als der Dharma des Magneten (nämlich Metall anzuziehen), so ist der Dharma des Mannes ein anderer als der Dharma der

Frau, der Dharma der verschiedenen Kasten ist genauso unterschiedlich wie der Dharma des einzelnen in den verschiedenen Lebenstadien. Dharma ist das Weltgesetz oder die Weltordnung, wodurch der Kreislauf der Geburt (Samsara) festgelegt ist. »Dharma« bezeichnet aber auch die Ordnung von Gut und Böse; »Dharma« bedeutet Pflicht, Gesetz, Ordnung, Schicksal, Weltgesetz und Religion: Wer sich an den Dharma hält, häuft kein schlechtes Karma an.[104]

Als christliche Missionare nach Bengalen kamen, übersetzten sie den europäischen Begriff »Religion« mit Dharma, um ihre christliche Botschaft zu verbreiten. Im modernen Sanskrit und in den nordindischen Landessprachen hat Dharma jetzt weitgehend die Rolle des europäischen Religionsbegriffs übernommen[105], woran sich die Ausdifferenzierung des Religionssystems zeigt. Allerdings umfaßt Dharma zugleich mehr und weniger als der europäische Religionsbegriff, wie Klimkeit festgestellt hat: Dharma ist mehr als Religion, weil Dharma auch den Bereich von Sitte, Recht und Gesetz umschließt. Dharma ist weniger als Religion, weil das Heilsstreben (nach Moksha) innerhalb der vier Lebensziele klar getrennt ist von Dharma und weil der ganze Bereich der Mythologie wie auch der praktischen Religionsausübung im Sinne des Yoga oder Tantra von Dharma nicht umfaßt werde.[106]

»Dharma« und »Religion« überlappen sich also, ohne sich zu decken. Klimkeit hält deshalb »Dharma« für einen unübersetzbaren Begriff des indischen Denkens. Dharma enthält nämlich auch einen moralischen Aspekt: Dharma ist gleichzeitig der Oberbegriff für *Varnashramadharma*, also der Dharma der Kasten und Lebensstadien.[107] Zusammenfassend kann man mit Peter Schreiner feststellen: »Dharma umfaßt den ganzen Bereich von Moral, Kultus, Recht und Sitte, gewissermaßen den ›Hindu way of life‹.«[108]

Vishnu ist im hinduistischen Pantheon der Beschützer: immer dann, wenn die Welt in Gefahr ist, inkarniert sich Vishnu, um ins Geschehen einzugreifen. Er wendet das Böse ab und stellt den Dharma wieder her. So sagt Vishnu als Herabkunft Krishna in der Bhagavadgita zu Arjuna:

> »Immer wenn ein Niedergang der Ordnung eintritt,
> du Nachkomme des Bharata,
> und Zuwachs an Ordnungslosigkeit,
> dann erschaffe ich mich selbst. (4, 7)
>
> Um die Guten zu erretten,
> und um die Übeltäter zu vernichten,
> um also die Ordnung wieder aufzurichten,
> entstehe ich in den verschiedenen Zeitaltern. (4, 8)
>
> Wer meine Geburt und mein Werk so,
> der Wirklichkeit gemäß, als göttlich erkennt,
> gelangt, wenn er den Körper aufgegeben hat,
> nicht zu einer Wieder-Geburt –
> er geht zu mir, oh Arjuna!« (4, 9)[109]

Das Epos Ramayana (»Ramas Lebenslauf«) erzählt die Geschichte von Rama, einer anderen Inkarnation Vishnus, der die Welt von den Greueltaten des Dämonenkönigs Ravana befreite, denn Ravana kann nur mit übernatürlichen Kräften getötet werden.[110] Als Rama die Nachfolge seines Vaters, des Königs von Ayodhya, antreten soll, wird er aufgrund einer Intrige am Hof für vierzehn Jahre in die Verbannung geschickt. Mit seiner Ehefrau Sita und seinem Bruder Lakshmana zieht Rama durch die Wälder. Als Rama und Lakshmana auf der Jagd sind, entführt der böse Dämonenkönig Ravana die schöne Sita und bringt sie auf die Insel Lanka. Mithilfe einer Armee von Affen, unter der Führung Hanumans, gelingt es Rama, Sita zu befreien und Ravana – das Böse schlechthin – zu besiegen. Zurück in Ayodhya wird Rama König: das *Ram Raj*, die »Herrschaft Ramas«, hat begonnen; das Böse ist besiegt, und die Welt ist wieder in Ordnung. In dem Epos reift Rama zu einem vollkommenen Menschen, der schließlich in Übereinstimmung mit dem Dharma lebt. – Immer wenn der Dharma verfällt und der *Adharma* (»Chaos«), die Abwesenheit der Ordnung zunimmt, inkarniert sich Vishnu, um den Dharma wiederherzustellen. Das ist die Quintessenz beider Epen.

Im Gegensatz zu Christentum und Islam, wo Schöpfer und Schöpfung als getrennt gedacht werden, bildet im Hinduismus beides eine Einheit: Gott und Welt sind eins, Gott ist manifest in jedem Gegenstand, und man kann Gott in sich selbst finden. Der Hinduismus ist also ein Pantheismus (Glaube, daß die Welt Gott ist); das heißt, daß Gott die Ursubstanz der Welt ist. Aber auch hier gilt, was schon mehrfach über den Hinduismus gesagt wurde, daß es kein Dogma gibt und auch keine einheitliche Gottesvorstellung, der alle Hindus anhängen. Die Gottesbegriffe im Hinduismus reichen vom Monotheismus (Glaube an einen Gott) zum Polytheismus (Glaube an viele Götter), über den Pantheismus (Glaube, daß Gott überall ist) zum Henotheismus (Glaube an viele Götter, wobei einer favorisiert wird) bis zum Atheismus (Glaube, daß Gott nicht existiert). Beispielsweise wendet sich Krishna in der Bhagavadgita gegen den Henotheismus:

> »Auch jene, die voll gläubigem Zutrauen
> ergeben anderen Göttern opfern,
> auch diese opfern eigentlich mir, [...]
> obgleich nicht der Regel gemäß.« (9, 23)[111]

Denn Krishna ist der Empfänger aller Opfer und behauptet von sich, er sei der Herr. Er sorge für das Wohlergehen derjenigen, die sich ihm, Gott, verehrungsvoll nähern. Hier zeigt sich schon die Tendenz des Hinduismus, später auch in Buddha (und sogar in Jesus) eine Inkarnation Vishnus zu sehen. So behaupten einige Hindus heute, daß der Hinduismus letztlich nichts anderes als ein Monotheismus sei, und die vielen unterschiedlichen ikonographischen Darstellungen stellten lediglich die verschiedenen Aspekte Gottes dar. Damit widersprechen sie christlichen Missionaren, die glaubten, in den Tempeln und den Kulthandlungen der Hindus einen »heidnischen Götzendienst« erblicken zu können. Die Hindus wissen auch, daß die Götterbilder von Menschenhand gemacht sind, schließlich haben sie sie ja selbst hergestellt. Nicht die Bilder werden verehrt, sondern die Bilder gelten als Medium zu Gott, als Hilfe für den Menschen, zu Gott zu beten und zu meditieren. Es gibt jedoch auch Rituale, bei denen ein Gott direkt angerufen wird und daraufhin in seinem Bildnis für einige Zeit wohnt.

Manche Hindus glauben, daß es dreihundertdreißig Millionen Götter gebe. Die wichtigsten drei sind Brahma (der Schöpfer), Vishnu (der Erhalter) und Shiva (der Zerstörer). Alle drei werden oft als *Trimurti*, »Dreieinheit« aus Schöpfung, Erhaltung und Zerstörung dargestellt. Diese Dreigestalt Gottes als *Mahadeva*, »großer Gott«, repräsentiert die drei Aspekte des Weltgeschehens und zeigt, daß alle drei Götter letztlich eins sind.[112]

Brahma gilt als der Schöpfer, als »Ahnherr der Welt«. Aber diese Bedeutung erhielt der vedische Gott erst relativ spät. Die Vedantalehre mit der Atman-Brahman-Spekulation, die besagt, daß letztlich das Atman identisch sei mit dem Brahman, verhalf Brahma zu seiner heutigen Bedeutung, obwohl Brahma und Brahman nicht miteinander verwechselt werden dürfen. Eckard Schleberger schreibt: »Das *Brahman* der Upanishaden war ein farbloses, gestaltloses Absolutum: aus diesem abstrakten Begriff erwuchs ein persönlicher Gott, aber der Umstand, daß Brahma seinen Ursprung gelehrter Spekulation und nicht so sehr dem Volksglauben verdankte, hat bis auf den heutigen Tag nachgewirkt. Brahma sind nur wenige Tempel geweiht, kaum ein Hindu verehrt ihn als seine spezielle Schutzgottheit, und auch die ikonographische Darstellung fällt bei ihm weitaus bescheidener aus als bei Vishnu und Shiva, die als Göttervorstellung plastisch umgesetzt wurden.«[113]

Shiva gilt nicht nur als Zerstörer, sondern auch als Erhalter der Welt. Er ist der Asket der Asketen, der Yogi der Yogis, der Gott der Götter. Er wohnt im Himalaya oder auf Friedhöfen und beschmiert seinen Körper mit Asche, ist mit einem Fell bekleidet und zieht durch die Wälder. Unreines ist mit ihm, wie zum Beispiel ein Rudel Hunde. Um seinen Hals trägt er eine Kette aus Menschenschädeln, im Nacken sitzt eine Kobra, in der Linken hält er einen Dreizack und in der Rechten eine Trommel. Zahllose Legenden ranken um ihn. Shiva kann fürchterlich und grausam sein, aber wörtlich bedeutet *Shiva* soviel wie »gnädig« oder »freundlich«: Shiva ist der Helfer und Heiler, aber auch der Zerstörer und Vernichter. Shiva ist die Manifestation des dialektischen Prinzips: Shiva ist zugleich lebensvernichtend und lebensspendend, denn der Lebensprozeß besteht aus Destruktion und Regeneration. Das Neue erfordert gleichzeitig die Zerstörung des Alten. »Shiva personifiziert das Ende aller Dinge und gleichzeitig das neue Leben, das aus der Zerstörung hervorgeht.«[114] Deshalb wird Shiva häufig auch androgyn dargestellt: er ist zur einen Hälfte männlich und zur anderen weiblich, mit einer Brust, halb im Sari, halb im Dhoti gekleidet.

Oft wird Shiva den kosmischen Tanz tanzend dargestellt, was die fünf kosmischen Akte symbolisiert: Schöpfung, Erhaltung, Vernichtung, Täuschung und Erlösung. Alles ist Tanz! Shiva ist die unpersönliche, ewig sich ändernde Lebenskraft. Shiva ist zur Hälfte *Shakti*, die weibliche Energie oder schöpferische Kraft:

»Grundsätzlich ist Shiva nicht denkbar ohne sein weibliches Gegenüber, die Shakti. Shiva kann erst aktiv werden, wenn die Energie der Shakti auf ihn einwirkt. Ohne Shakti ist Shiva wie ein lebloser Körper. Um das Universum, die Erde und all ihre Geschöpfe zu erhalten, hat sich Shiva als das Absolute, das Neutrum, in zwei komplementäre Hälften aufgeteilt. Aus der Vereinigung von Gott und Göttin entstehen alle Lebewesen.«[115] Überall in Indien finden sich Lingas, womit Shiva verehrt wird – ein phallisches, senkrechtes Steinsymbol, das immer in einen runden Sockel eingefügt ist, der *Yoni*, dem weiblichen Geschlechtsorgan: »Der Schaft des Linga Shivas sitzt immer in einem runden Sockel, ›Sitz‹ genannt. Es ist der Sitz der göttlichen Energie *(shakti)*, die als Shivas weibliche Hälfte personifiziert ist und oft auch mit dem Namen Shakti genannt wird. Der Schoß oder Sitz des Sockels öffnet sich in einem keilförmigen Kanal, der die weibliche Symbolik betont und praktisch als Abfluß für das kultische Wasser dient, das die Anbeter freigebig über das Linga gießen.«[116] – Es gibt nur eine Realität: das ewige, unveränderliche, absolute Sein (Brahman), das in personifizierter Form Shiva ist. Die Mannigfaltigkeit der Welt, mit all ihren Widersprüchen und Gegensätzen ist bloß Schein, Illusion und Täuschung (Maya). Denn nichts in der Welt ist dauerhaft, alles ist ständiger Veränderung unterworfen. So ist das Linga eine vollständige Symbolisierung der Struktur an sich. Wir nehmen die Dinge in ihrer Unterschiedlichkeit bloß wahr, aber in Wirklichkeit bestehen diese Unterschiede gar nicht, lehrt der Hinduismus. Alles ist letztlich identisch mit Gott oder Brahman oder Shiva. Dadurch hat jeder selbst die Möglichkeit zur ewigen Wahrheit zu gelangen und damit zur Erlösung, wenn er erkennt, daß die Vielfalt der Welt nicht wirklich, sondern bloß illusorisch ist. Deshalb murmeln die Asketen in Indien: *Shivo 'ham, Shivo 'ham* (»Ich bin Shiva, ich bin Shiva«).

Die Puranas erzählen solche alten Göttergeschichten, mythische, aber auch historische Überlieferungen. In Indien hat keine dogmatisch auftretende Religion wie das Christentum in Europa die autochtone Religiosität und Mythologie verdrängt, sondern in Indien bestehen die verschiedenen Legenden und Göttersagen nebeneinander. Selbst innerhalb der Puranas wird einmal Vishnu, einmal Shiva als der oberste Herr des Universums gefeiert. Dort findet sich auch folgende Erzählung, um die Stellung Shivas gegenüber Brahma und Vishnu deutlich zu machen, wie es auch Mythen gibt, die Shiva als untergeordnet erweisen: »Im Anfang ruhte Vishnu allein auf dem Urelement – strahlend und scheinend. Plötzlich erblickt Vishnu eine überraschende Erscheinung: leuchtend und wie aus tausend Sonnen scheinend naht sich Brahma. Brahma lächelt und erkundigt sich, wer Vishnu sei, wie er ins Dasein getreten sei und was er nun hier tue. Brahma stellt sich vor als der erste Erzeuger aller Dinge, als der, der seinen Ursprung in sich selbst hat – causa sui. Vishnu fand dies unerhört und anmaßend: ganz im Gegenteil, so protestierte er, ich bin der Schöpfer des Alls. Ich habe alle Dinge viele Male schon geschaffen und vernichtet. Die zwei großen Götter streiten – da erhebt sich aus dem Urozean ein riesengroßes Linga, gekrönt von Flammen. Ungeheuer rasch wächst es – Brahma und Vishnu haben aufgehört zu disputieren – erstaunt bis zum äußersten. Brahma sagt zu Vishnu: Du tauchst in die Tiefe – ich werde in die Höhe fliegen, wir wollen die beiden Enden finden. Brahma verwandelte sich in einen Schwan und flog hinauf, Vishnu als Eber tauchte in die Tiefen. Sie flogen und schwammen, so rasch sie konnten – das Linga wuchs und wuchs. Plötzlich öffnete sich die Seite der wunderbaren Säule, und in der Nische manifestierte sich Shiva, der Herr des Linga, der Größte im All. Während Brahma und Vishnu sich vor ihm verneigten, erklärte Shiva feierlich, daß er der Ursprung beider sei – Schöpfer, Erhalter und Vernichter. Ja, Brahma und Vishnu waren nichts anderes als die beiden Seiten des Linga, dessen Zentrum Shiva ist.«[117]

Die sechs Darshanas der indischen Philosophie

Im Unterschied zur europäischen Philosophie hat die indische Philosophie soteriologischen Charakter; das heißt, der indischen Philosophie geht es primär um Erlösung von Leid und Wiedergeburt. Daß der Hinduismus eine Erlösungsreligion und gleichzeitig ein Pantheismus ist (vgl. S. 65 f.), scheint zwar ein Widerspruch zu sein, aber das liegt an der Vielfalt der hinduistischen Glaubensvorstellungen, die – für viele Europäer schwer zu verstehen – eben kein klares, in sich schlüssiges Dogma bilden.

Alle sechs *Darshanas* (wörtl. «Ansicht») basieren auf der zusammenhängenden Lehre von Dharma, Karma, Samsara und Moksha. Im Gegensatz zum modernen Europa läßt sich in Indien Philosophie und Religion nur schwer trennen. Geht es in der europäischen Philosophie um die Wahrheit an sich, so interessiert die indische Philosophie die Erkenntnis der Wahrheit nur, um Moksha, die Befreiung oder Erlösung vom Geburtenkreislauf zu erlangen: »Nicht der Besitz der Wahrheit ist das letzte Ziel des indischen Weisen, sondern die Befreiung, das Erreichen der absoluten Freiheit«, schreibt Eliade.[118] Wer nach Moksha strebt und aus dem Samsara aussteigen will, muß das Dasein für leidvoll halten – das ist die Grundlage aller indischen Philosophie. »Alles ist Leiden für den Weisen«, schrieb Patanjali (Yoga-Sutra II, 15), und auch Buddha lehrte, daß alles Leben leidvoll sei. Trotzdem entwickelte sich in Indien nicht eine pessimistische oder gar nihilistische Philosophie. Man leidet zwar, verzweifelt aber nicht, denn es gibt einen Ausweg aus dem Leiden: Moksha. Die verschiedenen philosophischen Schulen suchen diesen Ausweg und geben dabei verschiedene Erlösungswege an.

In der indischen Philosophie gehören von den sechs orthodoxen Schulen oder Systemen jeweils zwei zusammen:
1. Nyaya und 2. Vaisheshika (pluralistisch),
3. Samkhya und 4. Yoga (dualistisch),
5. Mimamsa und 6. Vedanta (monistisch).

Diese sechs Darshanas der indischen Philosophie gelten deshalb als orthodox, weil sie den Veda als höchste Autorität anerkennen. Andere bedeutende Philosophien, wie zum Beispiel der Buddhismus, lehnen den Veda ab. Alle sechs Darshanas sind nur ein Mittel auf dem Weg zur Erlösung von Leid und Wiedergeburt, und trotzdem hat sich eine ebenso reichhaltige philosophische Tradition in Indien entwickelt wie in Europa.[119] Die indische Philosophie läßt sich zwar nicht ohne weiteres mit der europäischen vergleichen, doch finden sich ähnliche Elemente oder Methoden:

Nyaya bedeutet soviel wie »Beweis« oder »Regel« und entspricht in der europäischen Philosophie am ehesten der Logik oder Dialektik. Berühmt ist der indische Syllogismus, der fünf Schritte enthält:
1. Behauptung *(pratijna)*: »Auf dem Berg ist Feuer, ...«
2. Begründung *(hetu)*: »..., weil über dem Berg Rauch ist.«
3. Beispiel *(udaharana)*: »Wo Rauch ist, ist auch Feuer, wie z. B. in der Küche.«
4. Anwendung *(upanaya)*: »Nun ist über dem Berg solcher Rauch.«
5. Ergebnis *(nigamana)*: »Folglich ist auf dem Berg Feuer!«

Der Nyaya hat eine Theorie der Kausalität entwickelt, und das Argumentieren steht hier im Vordergrund. Vaisheshika bedeutet wörtlich »Unterschied« oder »Besonderheit« und meint das Herausfinden der Unterschiede in der Welt, um so zur Erkenntnis zu gelangen, denn jede Erkenntnis beginnt mit einer Unterscheidung. Vaisheshika ist eine Substanzenlehre und untersucht den atomischen Aufbau der Materie. Dieses System ist so etwas wie Naturphilosophie und wendet sich gegen die idealistischen Darshanas. Nyaya-Vaisheshika sind pluralistisch, weil diese beiden Philosophie-Systeme die Welt auf eine Vielzahl letzter Realitäten zurückführen.

Samkhya ist die »Aufzählung« des Seienden in der Welt und gehört unmittelbar zu *Yoga*, das etymologisch mit dem deutschen »Joch« verwandt ist und »Selbstzucht« oder »Disziplin« heißt. »Yoga« wird aber auch als Oberbegriff für alle verschiedenen hinduistischen Heilswege verwendet. Der enge Zusammenhang von Samkhya und Yoga war wohl auch nicht jedem Inder klar, sonst bräuchte die Bhagavadgita nicht zu betonen:

»Nur Toren reden von Samkhya und Yoga als verschieden,
nicht aber Gelehrte.
Wer auch nur in einem davon völlig feststeht,
findet, was die Frucht von beiden ist. (5, 4)

Derselben Stufe, die von Samkhya-Anhängern erlangt wird,
nähern sich auch die Anhänger des Yoga.
Wer sieht, daß Samkhya und daß Yoga eins sind,
der sieht wirklich.« (5, 5)[120]

Kein Weiser, sondern nur Naive behaupten, daß Samkhya und Yoga verschiedene Ergebnisse bringen würden. Die Weisen aber wissen, daß, wer nur eines von beiden richtig ausübt, dasselbe erreicht, wie derjenige, der das andere übt: das Ergebnis ist dasselbe. Die Samkhya-Anhänger haben der Welt entsagt und sich ganz der Erkenntnis hingegeben. Die Yogis erlangen wahre Erkenntnis, weil sie der Welt entsagt haben. Der Zustand der Befreiung aber ist derselbe. Deshalb führen Samkhya und Yoga zum selben Ziel.

Das Samkhya-System geht von drei *Gunas*, »Entwicklungskräften«, aus: 1. *sattva (das Feine, Lichte):* die Modalität der Helligkeit oder Intelligenz; 2. *rajas (das Bewegte, Unruhige):* die Modalität der bewegenden Energie oder Aktivität; 3. *tamas (das Grobe, Dunkle):* die Modalität der statischen Unbeweglichkeit oder Hemmung.

Am Anfang einer Weltperiode befinden sich die drei Gunas in einer Art Ruhezustand. Durch das Zusammenwirken der drei entsteht darauf *Prakriti*, das materielle Prinzip, im Gegensatz zu *Purusha*, dem geistigen Prinzip. Diese zwei Weltprinzipien sind nicht miteinander vereinbar. Mit Prakriti entstehen die 24 Grundelemente als substantielle Bestandteile der Welt, die Samkhya aufzählt. Prakriti und Purusha sind völlig voneinander getrennt. Prakriti ist ebenso real wie Purusha. Purusha glaubt sich an Prakriti gebunden: Wie der farblose Kristall rot erscheint, wenn eine Blüte hinter ihn gehalten wird, so erscheint Purusha als denkend, handelnd, fühlend, leidend usw.[121]

Im Gegensatz zum »Leib-Seele-Problem« der europäischen Philosophie, die dazu neigt, das Bewußtsein der Seele zuzuschreiben, sagt die Samkhya-Philosophie, daß das Bewußtsein von der Materie, von Prakriti, hervorgebracht wird. Von unserem wahren Selbst, von Purusha, wissen wir nichts, und es geht gerade im Yoga darum, in höchster Kontemplation Purusha zu erfahren. Insofern ist Yoga »Selbsterfahrung«. Dazu muß zunächst der psychomentale Fluß des Bewußtseins, dieser lebenslange Film, der uns vorgespielt wird – sogar noch im Schlaf als Traum –, zum Stillstand gebracht werden. Wie das geht, behandelt Yoga. Vereinfacht kann man sagen, daß Samkhya die theoretische Grundlage liefert und Yoga den praktischen Weg dazu bildet. Yoga ist also mehr als eine von entrückten Asketen ausgeführte Verrenkungstechnik und vor allem mehr als die an bundesdeutschen Volkshochschulen praktizierte Gymnastik, die gegen Rückenschmerzen und andere Zivilisationskrankheiten hilft. Yoga ist ein Weg zur Unsterblichkeit und Freiheit im Sinne von Moksha!

Beim Yoga (wie auch beim Samkhya) ist die Ursache des Leidens die Unkenntnis des Geistes (Purusha), das heißt die Verwechselung des geistigen Prinzips mit dem Bewußtsein. Der Ausgangspunkt der Yoga-Meditation ist die Konzentration auf einen einzigen Punkt *(ekagrata)*, um dadurch den psychomentalen Fluß (Bewußtsein) zunächst zu stoppen. Die Sinne bringen fortwährend Gegenstände in das Bewußtsein, und diese Wahrnehmungen sollen durch die Konzentration abgestellt werden: Yoga ist das (absichtliche) Ausschalten der spontanen Gemütstätigkeit, definierte Patanjali (Yoga-Sutra I, 2). Die Sinne sind die Zugtiere, die man anspannen oder anjochen muß. Yoga ist die Zügelung des Geistes. Wir werden nämlich von den Objekten gedacht – nicht umgekehrt! Eliade erläutert dies so: »Unter dem Anschein des ›Denkens‹ verbirgt sich in Wirklichkeit ein unbestimmtes, ordnungsloses Flimmern, das sich aus den Empfindungen, den Worten und dem Gedächtnis speist. Die erste Pflicht des Yogin ist zu denken, das heißt sich nicht denken zu lassen. [...] Der Yogin kann nach Belieben die Kontinuität des Bewußtseins unterbrechen, anders ausgedrückt, er kann jederzeit und überall die Konzentration seiner Aufmerksamkeit ›auf einen einzigen Punkt‹ herbeiführen und für jeden anderen sensorischen oder gedächnismäßigen Anreiz unempfindlich werden.«[122]

Dieser Zustand läßt sich aber nur erreichen, wenn man frei ist von beispielsweise Streben nach Besitz oder Macht und Sorgen um die Familie. Man muß aber auch frei sein von Verdauungsstörungen oder anderen körperlichen Gebrechen, unbequemer Sitzhaltung und desorganisierter Atmung. Deshalb entwikkelte die Yoga-Lehre eine Kette von acht Gliedern *(ashtanga)*, die den Kern der Yoga-Lehre bilden. Jedes dieser Glieder hat den gleichen Stellenwert, denn eine Kette ist nur so stark wie ihr schwächstes Glied: 1. *yama* (»Zucht«), 2. *niyama* (»Reinheit«), 3. *asana* (»Sitzhaltungen«), 4. *pranayama* (»Atemkontrolle«), 5. *pratyahara* (»Ausschalten der Wahrnehmung«), 6. *dharana* (»Konzentration«), 7. *dhyana* (»Meditation«), 8. *samadhi* (»Kontemplation«).

Jedes Glied dieser Praktiken und Disziplinen hat ein anderes Ziel. Die Bezähmungen oder die Zucht *(yama)* sind Moralregeln wie Gewaltlosigkeit *(ahimsa)*, Wahrheit *(satya)* oder Enthaltsamkeit *(brahmacarya)*. Die Reinheit *(niyama)* meint nicht nur körperliche Reinheit, sondern auch Genügsamkeit, Askese, Studium und Gottergebenheit.[123] Die Sitzhaltungen *(asana)*, die der Schüler von seinem Guru lernt, dienen dem Training des Körpers. Um sich richtig konzentrieren zu können, muß der richtige Sitz (zum Beispiel der Lotussitz) eingenommen und der Fluß des Atems kontrolliert werden *(pranayama)*. Auch darf sich der Übende nicht durch störende Sinneseindrücke abhalten lassen und schaltet die Wahrnehmung aus *(pratyahara)*. Konzentration *(dharana)* ist die Festlegung des Bewußtseins auf einen Gegenstand, bis in der Meditation *(dhyana)* dieser Gegenstand allein das Denken erfüllt. Kontemplation *(samadhi)*, die yogische Versenkung oder »Bewußtlosigkeit«, führt schließlich zur Entdeckung des Purusha und damit zur Unsterblichkeit und Freiheit: »Die durch nichts mehr vermittelte Offenbarung des *purusha* ist zugleich die durch Erfahrung erreichte Entdeckung einer dem profanen Menschen unzugänglichen ontologischen Modalität. Dieser Moment ist eigentlich nur als Paradoxon zu begreifen, denn es läßt sich hier nicht mehr sagen, wieweit man noch von der Kontemplation des Selbst zu sprechen hat oder schon von einer Umwandlung des Menschen. [...] Die Situation des Yogin ist offensichtlich paradox: er lebt, und er ist trotzdem befreit; er hat einen Körper, und dennoch erkennt er sich und ist deshalb *purusha*; er lebt in der Zeit und hat zugleich Teil an der Unsterblichkeit; er koinzidiert mit dem ganzen Sein und ist doch nur ein Fragment davon usw. Doch die Verwirklichung dieser paradoxen Situation ist das Ziel der indischen Spiritualität seit ihren Anfängen.«[124]

Mimamsa ist die »Erörterung« ursprünglich des vedischen Opferrituals; also die Auslegung des Veda, vergleichbar der Exegese und Hermeneutik, was ja urspüglich die Auslegung der Bibel bedeutet. *Vedanta* bedeutet wörtlich »Vollendung des Veda« und bezieht sich zunächst auf die Upanishaden, die noch keine homogene Lehre enthalten, und auf die Bhagavadgita, die sich selbst ja zu den Upanishaden rechnet. Im Gegensatz zu Samkhya und Yoga läßt sich das Seiende im Vedanta nicht auf zwei Prinzipien zurückführen, sondern ist monistisch. Der Monismus des Vedanta besagt, daß alles eines ist und alle Vielheit nur Täuschung: »Letzten Endes ist, vom Standpunkt des Absoluten aus betrachtet, alles Geschehen ein Spiel des Brahma mit sich selbst, ein Spiel, das nur möglich ist dadurch, daß sich Brahma in verschiedenen Gestalten manifestiert«[125], schreibt Glasenapp.

Als bedeutendster Vertreter der Vedanta-Philosophie gilt Shankara (um 800 n. Chr.), der die Atman-Brahman-Spekulation radikal interpretiert hat als *Advaita* (»Nicht-Zweiheit«), weshalb man auch von »Advaita-Vedanta« spricht.[126] Shankaras Schriften bilden Kommentare zu den wichtigsten Upanishaden, zum Vedanta-Sutra und zur Bhagavadgita.[127] Vielen Hindus gilt Shankara als der größte Philosoph Indiens, manche sprechen sogar von einer Inkarnation des Gottes Shiva. Nach Shankara habe sich Brahman nicht zur Welt entfaltet, sondern unsere Unwissenheit täuscht uns lediglich die Mannigfaltigkeit der Welt vor. Letztlich ist alles Brahman, der Rest dessen, was wir meinen wahrzunehmen, ist Maya, Illusion. Zur Verdeutlichung des Maya-Gedankens wird folgende Geschichte erzählt: Shankara war bei einem König zu Gast, der zwar sein Schüler war, aber der Lehre seines Meisters doch mißtraute. Um ihn auf die Probe zu stellen, ließ der König einen wildgewordenen Elefanten auf Shankara loslassen. Shankara flüchtete sich auf den nächsten Baum. Als die Gefahr vorüber war und Shankara vom Baum herunterkletterte, machte sich der König über ihn lustig: Die ganze Welt sei Maya, so lehre der große Weise, aber bei der kleinsten Gefahr, die ja dann wohl auch nur Täuschung und Illusion sein könne, flüchte sich der Meister und fürchte um sein Leben. So überzeugt sei er also von seiner eigenen Lehre! – Da antwortete Shankara: »Du täuschst dich, mein lieber König, daß ich auf den Baum geklettert sei, hast du dir lediglich eingebildet und hast die Maya für die Wirklichkeit gehalten.«

Alle sechs Darshanas anerkennen die Weltzeitalter in ihrer endlosen Abfolge von Schöpfung, Dauer und Vernichtung. Ein *Kalpa* (kosmische Zeitperiode) ist so lang wie ein Tag Brahmas, nämlich genau 4 320 Millionen Jahre. Jeder Kalpa besteht aus 1000 *Mahayugas* (»großen Weltzeitaltern«). Ein Mahayuga dauert 12 000 Götterjahre. Ein Götterjahr besteht aus 360 Göttertagen, und ein Göttertag ist so lang wie ein Menschenjahr. Jedes Mahayuga besteht aus vier *Yugas* (»Weltzeitaltern«), dem *Krita-Yuga*, dem *Treta-Yuga*, dem *Dvapara-Yuga* und dem *Kali-Yuga*, die abnehmend 4 000, 3 000, 2 000 und 1 000 Götterjahre dauern (plus Zwischenzeiten). Das Krita-Yuga ist das goldene Zeitalter, in dem alles in Ordnung ist. Diese Ordnung verfällt von Zeitalter zu Zeitalter. Wir leben zur Zeit im Kali-Yuga, dem schlimmsten Zeitalter, in dem das Chaos herrscht und Erlösung kaum möglich ist. Das Kali-Yuga hat 3102 v. Chr. mit dem im Mahabharata beschriebenen Krieg (also mit der Bhagavadgita) begonnen, und es wird noch über 400 000 Jahre dauern, bis erneut das Krita-Yuga anbricht. Bei dieser zyklischen Weltzeit verwundert es kaum, daß sich in Indien keine Geschichtsschreibung wie in Europa herausbilden konnte.

3. Hinduismus und Moderne

Eines der schönsten Bauwerke der Welt steht in Indien: der *Taj Mahal* in Agra. Unzählige Werbeplakate der Tourismusindustrie, Speisekarten indischer Restaurants und Bücher über Indien ziert sein Bild. Der Taj Mahal repräsentiert Indien wie die Pyramiden Ägypten. Dabei ist der Taj Mahal gar kein hinduistischer Bau, sondern ein islamischer, der den starken Einfluß des Islam auf die indische Kultur veranschaulicht. Der Taj Mahal ist ein Mausoleum, das der muslimische Herrscher Shahjahan zwischen 1631 und 1653 im Andenken seiner Lieblingsfrau errichten ließ, die bei der Geburt ihres vierzehnten Kindes im Alter von neununddreißig Jahren starb. Hindus dagegen pflegen ihre Toten zu verbrennen und die Asche einem Fluß zu übergeben.

Eine erste islamische Truppe eroberte bereits 711 n. Chr. den Sind, das Mündungsgebiet des Indus im heutigen Pakistan. Indische Muslime sehen darin den Beginn pakistanischer Kultur, obwohl es Pakistan erst seit 1947 gibt. 1206 wurde das Sultanat Delhi (*sultan*, arab. »Herrschaft«, später »Herrscher«) als erste dauerhafte islamische Macht in Indien begründet und erhielt sich über verschiedene Dynastien bis Ende des 14. Jahrhunderts. Über islamische Händler gelangten zu dieser Zeit indische Kulturgüter wie Pfeffer und andere Gewürze, das Schachspiel und die sogenannten Arabischen Ziffern auch nach Europa.[128] 1492 suchte Columbus den Seeweg nach Indien; gefunden hat ihn dann sechs Jahre später Vasco da Gama um das Kap der Guten Hoffnung. Bald darauf, im Jahr 1510, eroberten die Portugiesen Goa.

Inwieweit der Islam einen Einfluß auf die Entstehung des Sikhismus gespielt hat, ist umstritten. Guru Nanak (1469–1539), der Begründer der Religion der Sikhs, stammte aus einer Hindu-Familie. Eines Tages war er für drei Tage und Nächte verschwunden, und als er wieder auftauchte, berichtete er von einem göttlichen Offenbarungserlebnis. Er predigte einen Monotheismus und soll gesagt haben: »Es gibt keinen Hindu, es gibt keinen Muslim.« Dieser Vermittlungsversuch zwischen Islam und indischer Religiosität scheiterte jedoch, und im Laufe der Zeit entwickelte sich aus der Anhängerschaft (*Sikh,* wörtl. »Schüler«) eine Religionsgemeinschaft.[129] Diese egalitäre Gemeinschaft der Sikhs lehnt die Kastenzugehörigkeit ab. Im Zuge der Ausdifferenzierung des Sikhismus organisierten sich die Sikhs zu einer militärischen Theokratie, und seit ungefähr 1600 gab es im Punjab theokratisch geformte Sikhstaaten. So kam es immer wieder zu Auseinandersetzungen mit den Mogulherrschern in Delhi, unter denen die Sikhs sehr gelitten haben.

Das Mogulreich wurde 1526 begründet von Babur, der mit modernen Feuerwaffen das zahlenmäßig überlegende Heer des Sultans von Delhi vernichtete. Sein Enkel Akbar (1556–1605), der »Große«, eroberte fast ganz Nordindien. Akbars große kulturelle Leistung bestand darin zu versuchen, die verschiedenen Religionen Indiens einander anzunähern. Diese neue Religionspolitik hat von Stietencron einmal »Geplanten Synkretismus« genannt. Akbar, des Lesens unkundig, führte Gespräche mit so ziemlich allen Vertretern der verschiedenen Religionen Indiens: er lud Hindus, Jainas, Buddhisten, Parsen und Christen ein, um sie mit Vertretern des Islam zu konfrontieren. Aus persischen Quellen ergebe sich, wie von Stietencron schreibt, »daß Kaiser

Akbar, obwohl er ein Mann der Tat, des Schwertes, der Jagd und der Staatsorganisation war, der wohl mehr als die Hälfte seines Lebens auf Kriegszügen und Inspektionsreisen verbrachte – daß dieser Akbar dennoch Zeit fand, sich über einen Zeitraum von rund 15 Jahren intensiv und regelmäßig in Gespräche mit Vertretern verschiedener Religionen einzulassen. Seiner Herkunft nach war er Sunnit. Aber Christen, Parsen, Hindus, Jainas, Shi'iten und Sufis versuchten, ihn für sich zu gewinnen. Als er 1605 starb, wußte niemand genau zu sagen, in welcher Religion er gestorben sei. Jeder merkte, daß er Akbar nicht ganz für sich beanspruchen konnte, und doch war er mehreren Religionen so nahe, daß er ihnen von Außenstehenden zugerechnet wurde.

Man hat Akbar als Stifter einer neuen Religion bezeichnet. Auch einige persische Quellen bezeichnen ihn als Propheten, als Stellvertreter oder Gesandten Gottes. Andere sehen in ihm einen Abtrünnigen, einen Verräter des Islam.«[131]

Akbar hat mit seinem Konzept einer synkretistischen Universalreligion in Indien eine kulturelle Blüte eingeleitet, die unter seinem Enkel Shahjahan, dem Erbauer des Taj Mahal, im 17. Jahrhundert ihren Höhepunkt erreichte. Einer seiner Söhne, Aurangzeb (1658–1707), überdehnte das Mogulreich dermaßen, daß es nach seinem Tode zerfiel. Dieses Machtvakuum bildete eine wichtige Ursache für die Etablierung der britischen Kolonialherrschaft.

Eigentlich ging es der *British East India Company* (gegr. 1600) nur um Handel, jedoch verstrickte sich diese private Handelsgesellschaft zunehmend in die indische Lokalpolitik. Durch die Ostindiengesellschaft wurde der Subkontinent Indien erstmalig in der Geschichte unter eine einheitliche Verwaltung gestellt. Nach einem großen Aufstand 1857 *(mutiny)* entzog der britische Staat 1858 der Company das Handelsmonopol und war plötzlich für die Regierung Indiens zuständig. Die britische Krone übernahm nach der Auflösung der Handelsgesellschaft die direkte Herrschaft, und Königin Viktoria nannte sich ab 1877 »Kaiserin von Indien«. Durch die britische Kolonialherrschaft gelangte die europäische Moderne nach Indien.

Der sogenannte Neohinduismus

Im 19. Jahrhundert entstanden in Indien verschiedene religiös-soziale Reformbewegungen, die aus der Begegnung Indiens mit Europa hervorgegangen sind. Diese Begegnung veränderte nachhaltig und bis heute spürbar den indischen Subkontinent und führte schließlich zur Ausdifferenzierung des Hinduismus als Religionssystem. Die Reformbewegungen im 19. und 20. Jahrhundert griffen auf altes indisches Gedankengut zurück. Deshalb ist auch manchmal von der Renaissance des Hinduismus die Rede.[132] Vom »Neohinduismus« zu sprechen ist nach dem in der Einleitung dargelegten Gedanken deshalb irreführend, weil durch diese Reformer und Reformbewegungen der Hinduismus überhaupt erst formiert wird. »Neo«, also neu, ist daran, den Hinduismus als eine Einheit aufzufassen. Der sogenannte Neohinduismus war aber nicht nur eine religiöse, sondern auch eine politische Bewegung: Neohinduismus und Unabhängigkeitsbewegung sind nicht voneinander zu trennen. Der sogenannte Neohinduismus war ein entscheidender Faktor zur Erreichung der Unabhängigkeit von den britischen Machthabern 1947, wenngleich die sozial-politisch-religiöse Reformation der indischen Gesellschaft im wesentlichen eine Angelegenheit der gebildeten, städtischen Oberschicht blieb.

Der Einfluß Europas auf dieses Geschehen läßt sich daran bemessen, daß vor allem in Bengalen die Auseinandersetzungen mit dem europäischen Kulturgut am stärksten war: die meisten

Impulse des sogenannten Neohinduismus gingen von Calcutta aus. Calcutta war das damalige politische und intellektuelle Zentrum Indiens. Von Calcutta aus unterwarfen die Kolonialherren den Subkontinent und beherrschten ihn lange Zeit. Nur die Gegenbewegung des Arya Samaj entstand in Bombay, und erst in diesem Jahrhundert, als der Hinduismus schon ein hohes Maß an Ausdifferenzierung erreicht hatte, findet die Auseinandersetzung mit Europa und der Moderne in allen indischen Großstädten statt.

Drei Faktoren lassen sich benennen, die die hinduistischen Erneuerungsbewegungen hervorgerufen haben: 1. die britische Kolonialherrschaft, 2. die christlichen Missionare, 3. die Arbeit europäischer Orientalisten.

Erstens etablierten die Briten ihr Verwaltungssystem in Indien und bildeten Inder zu Unterbeamten aus. Dadurch kamen die englische Sprache, das englische Schulsystem und die europäische Wissenschaft und Technik nach Indien. Sie bauten außerdem ein Eisenbahnnetz, das entscheidend zur Industrialisierung Indiens beitrug. Zweitens versuchten die christlichen Missionen recht erfolglos, Inder zum christlichen Glauben zu bekehren. Aber die Auseinandersetzung mit dem Christentum war entscheidend für den sogenannten Neohinduismus: die christlichen Missionare in Indien bewirkten weniger, daß die Inder zum Christentum konvertierten, als vielmehr eine geistige Auseinandersetzung der gebildeten (vor allem: bengalischen) Oberschicht mit den eigenen, indischen Lehren. Man versuchte auf unterschiedlichste Weise, die indische Religiosität dem Christentum anzugleichen oder davon abzugrenzen.[133] Drittens bewirkte die europäische Orientalistik den Zugriff auf die alten indischen Schriften. Dadurch war der Rückgriff auf traditionelles Gedankengut für eine breitere Masse möglich, weil viel mehr Inder Englisch konnten als Sanskrit. Die erste vollständige gedruckte

Ausgabe des Rig-Veda erschien in England (1849–1874) und wurde von dem deutschen Indologen und »Vater« der Religionswissenschaft Friedrich Max Müller (1823–1900) herausgegeben. Später berichtet Müller über den Einfluß seiner Arbeit auf Indien: »Es klingt fast unglaublich, aber es ist Thatsache, daß das indische Volk, welches seit etwa viertausend Jahren den Rigveda als sein heiliges Buch, als die höchste Autorität in allen Glaubensfragen anerkannte, im Anfange dieses Jahrhunderts nur wenige vollständige und zuverlässige Hand-Schriften, und keine gedruckte Ausgabe dieses Werkes besaß. Die in Oxford gedruckte und von England nach Indien geschickte Ausgabe ihrer Bibel hat zuerst die indischen Theologen aus ihrem Schlummer aufgerüttelt. [...] Der Veda stand wieder vor ihnen da, nicht nur greifbar und lebendig, sondern zum ersten Male Allen zugänglich, die wissen wollten, was er enthielt. Die Reformatoren der indischen Religion, Männer wie Rajah Rammohun Roy, Debendranath Tagore und ihre Schüler, hatten bis 1845 am Veda als ihrer göttlichen Offenbarung festgehalten. In diesem Jahre traf ich in Paris mit Davarkanath Tagore, dem Vater von Debendranath Tagore zusammen. Ich zeigte ihm, was der Veda wirklich war; wie wenig er enthielt, was nicht ein kindlich Gemüth sehen, fühlen und aussprechen konnte, und wie wenig namentlich die Hymnen enthielten, was Anspruch auf göttliche Offenbarung zu machen, oder was als Grundlage für eine reformierte Religion in unserem Sinne des Wortes zu dienen vermöge. Angeregt, wie ich glaube, durch seinen Vater, schickte sein Sohn, Debendranath Tagore, in demselben Jahre auf eigene Kosten mehrere Gelehrte nach Benares, um den Veda zu studieren, und auf Grund ihrer Berichte, und auch vielleicht auf Grund der wissenschaftlichen Arbeiten über den Veda, deren Ruf langsam von Europa nach Indien drang, erklärte die neue Kirche, die Brahma Samag *[sic!]*, welche Rammohun Roy gestiftet hatte, den Veda seiner Ansprüche auf einen göttlichen Ursprung für verlustig.«[134]

Man muß sich einmal klar machen, was das heißt: ein deutscher Indologe, der selbst nie in Indien war, erklärt den bedeutendsten Reformern Indiens seiner Zeit, wie wenig der Veda seiner Meinung nach enthielt, woraufhin diese – nach kurzer Prüfung – die Autorität des Veda ablehnen! Bis heute gilt F. Max Müller in Indien als der bedeutendste Deutsche – bedeutender als Goethe: alle Goethe-Institute heißen in Indien *Max-Müller-Bhavan*.

In der folgenden Darstellung des Neohinduismus beschränke ich mich auf hinduistische Reformer in Indien, so daß Bewegungen wie die *Theosophische Gesellschaft* (gegr. 1875 von Helena P. Blavatsky und H.S. Olcott in New York) und die davon abgespaltene *Anthroposophische Gesellschaft* (gegr. 1913 von Rudolf Steiner), die *Transzendentale Meditation* (gegr. von Maharishi Mahesh Yogi), die *International Society for Krishna Consciousness* (ISKCON, gegr. 1966 von Swami Prabhupada in New York), sowie die *Neo-Sannyas-Bewegung* des Osho Shree Rajneesh (besser bekannt als »Bhagwan«) hier nicht berücksichtigt werden. Auch kann die Bedeutung der hinduistischen und buddhistischen Einflüße auf die europäische und nordamerikanische Kultur nicht beachtet werden.[135]

Brahmo Samaj

Der *Brahmo Samaj* (dt. »Brahma Vereinigung« oder sogar »Gottes Vereinigung«) war die erste religiöse Reformbewegung des neuzeitlichen Indien. Der Gründer des Brahmo Samaj, Ram Mohan Roy, postulierte einen Glauben an einen bildfreien Monotheismus, wie er ihn aus Christentum und Islam kannte. Monotheistische Ansätze fand er in den Upanishaden: Brahma ist für ihn der eine und einzige Gott. Er hielt diesen Monotheismus für die ursprüngliche Religion Indiens; alle heutigen Erscheinungsformen seien spätere Verfälschungen. Darüber hinaus hielt er den Glauben an einen allmächtigen Gott, den Schöpfer von Himmel und Erde, für den Kern aller Religionen. Roy versuchte den Hinduismus zu einer einheitlichen Religion zu formieren, wobei Brahma (Gott) zugleich höchstes Wesen und Schöpfer der Welt sei – wie im Christentum und im Islam. Neu daran war, die vielfältigen und vielschichtigen Traditionen und Glaubensvorstellungen aufgrund weniger Passagen im Vedanta dahingehend zu interpretieren, daß der Hinduismus nichts anderes sei als ein reiner Monotheismus. Roy glaubte, daß er die indische Religiosität zu ihrer ursprünglichen Reinheit zurückführe, indem er eine theistische Theologie vertrat, die ihr christliches Vorbild kaum verleugnen kann.

Ram Mohan Roy wurde am 22. Mai 1772 in Radhangar (West Bengal) als Brahmane geboren. Seine Eltern waren tief religiös. Als er etwa zwölf Jahre alt war, schickten sie ihn nach Patna, damals eine Hochburg islamischer Gelehrsamkeit, wodurch ihm der spätere Eintritt in den Verwaltungsdienst erleichtert werden sollte. Dort lernte er Persisch und Arabisch, und er wurde gründlich mit dem Islam bekannt, der ihn beeindruckte. Früh wandte er sich gegen den Idolkult und die Witwenverbrennung. Diese Kritik an der indischen Kulturtradition war der Anlaß für einen Streit mit seinen Eltern. Er verließ das Elternhaus und reiste durch Indien. Schließlich ließ er sich in Benares nieder, um Sanskrit und die Veden zu studieren. Dort begann er auch, Englisch zu lernen. 1803 trat er in den Dienst der East India Company. Nachdem er dort einige Jahre erfolgreich tätig war, zog er sich mit 42 Jahren aus dem Berufsleben zurück und wurde ein sozialer, politischer und religiöser Reformer. Mit anderen bengalischen Intellektuellen gründete er 1828 den Brahmo Samaj in Calcutta.

Der Brahmo Samaj war zwar die erste Reformbewegung des sogenannten Neohinduismus, aber Gedankengut, das heute als typisch hinduistisch gilt, kam kaum vor oder wurde sogar abgelehnt. Roy selbst glaubte weder an Seelenwanderung *(transmigration)*, göttliche Inkarnationen, noch an die Karma-Theorie.[136] Nach europäischem Ideal, das ja damals auch in Europa noch relativ jung war, sollte allein die Vernunft »die Auswahl und Interpretation religiöser Texte (auch nicht-indischer Herkunft) und die Ethik bestimmen«.[137] Die wöchentlichen Treffen glichen stark dem christlichen Gottesdienst. Man traf sich Samstags zwischen 19 und 21 Uhr. Diese Treffen waren für jedermann zugänglich, auch für Shudras und Frauen. Der Ablauf des Abends gliederte sich meist in vier Teile: zuerst wurden Abschnitte aus den Upanishaden gelesen, wobei allerdings nur Brahmanen teilnehmen durften. Darauf wurden diese Abschnitte ins Bengalische übersetzt. Dann folgte eine Predigt in Bengali, und zum Schluß sang man selbstkomponierte Lieder. Darüber hinaus war der Brahmo Samaj zunächst nicht weiter organisiert, es gab keine formale Mitgliedschaft und kein gemeinsames Glaubensbekenntnis.

1830 erfüllte sich Roy seinen Lebenstraum: er reiste nach Europa. Er war fasziniert von der europäischen Zivilisation und Kultur; vor allem vom wissenschaftlichen Rationalismus. Er sah das Heil in der Europäisierung Indiens, und er war der erste bedeutende Inder, der Europa besuchte. Aber er kehrte in seine indische Heimat nicht mehr zurück, denn er starb am 22. September 1833 nach kurzer Krankheit in Bristol.

Nach Roys Tod übernahm 1842 Debendranath Tagore (1817–1905) die Leitung des Brahmo Samaj. Unter Tagores Leitung stand mehr die Frömmigkeit im Vordergrund: das soziale Engagement wurde zwar vernachlässigt, aber der Brahmo Samaj missionierte jetzt auch außerhalb Bengalens. 1865 trennte sich Tagore vom Brahmo Samaj. Denn die Ideen des dem Samaj 1857 beigetretenen Keshab Chandra Sen (1838–1884) waren für den eher konservativen Tagore zu progressiv. Sen behauptete die kulturelle Überlegenheit Asiens gegenüber Europa, weil alle großen Religionen in Asien entstanden sind. Während Roy Europa noch maßlos bewunderte, wollte Sen zuerst den Dialog mit Europa, später aber eine ganz Indien umfassende Religion begründen; also genau das, was bald von anderen Reformern »Hinduism« genannt wurde. Als Sen schließlich selbst glaubte, göttliche Offenbarungen zu erhalten, kam es erneut zu einer Spaltung. Nach seinem Tod verlor diese Abspaltung jedoch an Einfluß.

Auch wenn der Brahmo Samaj weniger indischem als europäischem Gedankengut verhaftet war, so ist aber doch Peter Schreiner zuzustimmen, wenn er zusammenfassend schreibt: »Rammohan Roys Wirkung ist der eines Katalysators zu vergleichen. Er hat viel in Bewegung gebracht; in der weiteren Geschichte des modernen Hinduismus und seiner Begegnung mit dem Westen wurden jedoch andere Gedanken und Institutionen einflußreicher.«[138] Roy hatte dazu beigetragen, Indien für europäische Ideen zu öffnen. Der Brahmo Samaj jedoch hatte nie eine große Anhängerschaft und war immer die Religion einer kleinen, intellektuellen, aufgeklärten Oberschicht. Damit aber war der erste Schritt zur Ausdifferenzierung des Hinduismus getan.

Arya Samaj

Der *Arya Samaj* (dt. »Vereinigung der Arier«) wurde am 10. April 1875, also fast fünfzig Jahre nach der Gründung des Brahmo Samaj, in Bombay von Dayananda Sarasvati gegründet. Dayananda, geboren 1824 auf der Halbinsel Kathiawar, entstammte einer shivaitischen Familie. Erste Zweifel an der Richtigkeit des Bilderkultes kamen dem jungen Dayananda beim Shivaratri-Fest im Januar/Februar 1839, als er beobachtete, wie eine Maus die für die Gottheit bestimmten Opfergaben anknabberte, auf der Shiva-Figur herumlief und sie dadurch verunreinigte. Er fragte seinen Vater, ob das Shiva-Idol tatsächlich identisch sei mit dem großen Gott Shiva, denn er konnte sich nicht vorstellen, daß der allmächtige Gott es zulassen würde, daß eine Maus auf ihm herumliefe. Sein Vater erklärte ihm daraufhin nur, daß man Shiva persönlich gar nicht oder nur sehr schwer im gegenwärtigen Kali-Yuga wahrnehmen könne, und diese Antwort befriedigte Dayananda gar nicht. Fortan versuchte er, religiösen Festen fern zu bleiben und die heiligen Schriften zu studieren. Mit einundzwanzig Jahren wurde er gegen seinen Willen verheiratet. Er sah sein Studium nun durch seine Ehe gefährdet, so daß er 1846 heimlich sein Haus verließ und sich auf Wanderschaft begab: er wurde Sannyasin. Erfolglos versuchte sein Vater, ihn wieder zu seiner Familie zurückzuholen, Dayananda konnte entkommen. Fünfzehn Jahre reiste er kreuz und quer durch Indien, schloß sich vielen Sadhus an und traf auf shivaitische Mönche, die sich auf Shankara beriefen. Ab 1860 widmete er drei Jahre dem Sanskrit-Studium. Die Zweifel an der Richtigkeit von Kulthandlungen blieben bei Dayananda bestehen, und er war der Meinung, daß stattdessen ein intensives Studium der heiligen Schriften wichtiger sei. Mit Hilfe der Interpretationen von Max Müller studierte er die Veden. Nicht die Puranas oder die vedischen Rituale seien von Bedeutung, sondern nur die Veden selbst, weil sie göttliches Offenbarungswissen seien. Dayananda hielt die Veden aber nicht für von den Sehern geschaut, wie in der hinduistischen Tradition üblich, sondern als von Gott geoffenbart, wie in den Buchreligionen Judentum, Christentum und Islam. Für ihn ist die wahre Religion die arische

Religion, weil sie auf dem endlosen Wissen, dem Veda, beruht. Er versuchte, den Veden denselben Stellenwert für den Hinduismus zu verschaffen, den die Bibel für das Christentum und der Koran für den Islam haben. Der Arya Samaj bezieht sich auf die Überlieferungen aus der Antike und lehnt alle späteren Entwicklungen radikal ab.

Mitglied im Arya Samaj konnte jeder Inder werden. Die Kastenzugehörigkeit spielte keine Rolle, denn der Dharma erfordert von allen, ihren (auch religiösen) Pflichten nachzukommen. Dayananda bestand sogar darauf, daß das Wissen, das der Veda bildet, jedem zugänglich sein müsse – auch Frauen und Shudras, denen das Studium des Veda traditionell nicht gestattet war. Er war der Ansicht, daß alle Menschen von Natur aus gleich seien und daß deshalb jeder den Veda studieren dürfe.

Der Arya Samaj war eine Reaktion auf den Westen und die europäischen Einflüsse, die sich durch die britischen Kolonialherren in Indien im letzten Jahrhundert auszubreiten und indische Ideale zu verdrängen begannen. Der Arya Samaj war aber auch eine Reaktion auf den Brahmo Samaj. Gemeinsam ist beiden Bewegungen die Ablehnung der Idolatrie (Bilderverehrung), die Forderung der Gleichheit und Brüderlichkeit aller Hindus und der monotheistische Gottesbegriff. Im Gegensatz zum Brahmo Samaj jedoch, der sich anzugleichen versuchte an Christentum und Islam, lehnte der Arya Samaj das Christentum als »unechte« Religion ab. Dayananda versuchte sogar, die ganze Bibel – von der Genesis bis zur Apokalypse – als dumm und widersinnig zu erweisen. Deshalb wird der Arya Samaj manchmal auch als erste »hindufundamentalistische« Bewegung bezeichnet.[139] Aber der Arya Samaj war vielmehr eine religiös-nationalistische Bewegung. Der Arya Samaj wandte sich gegen den Islam und gegen das Christentum, jedoch ohne dabei militant zu sein oder aggressiv gegen andere Religionen vorzugehen.[140]

Ziel des Arya Samaj war unter anderem auch die Rückkonversion von Indern, die zum Christentum, aber vor allem zum Islam übergetreten waren. Dadurch wurde der Hinduismus erstmals als eine Religion interpretiert, in die man wieder eintreten kann. Das bedeutet gleichzeitig, daß man nicht mehr als Hindu geboren sein muß, um Hindu zu werden. Nicht alle Strömungen des Neohinduismus haben ein so weit gefaßtes Verständnis entwickelt. Gandhi, zum Beispiel, beharrte darauf, daß man, um Hindu zu sein, als Hindu geboren werden müsse (vgl. S. 100). Eine allgemeinverbindliche Auffassung existiert nicht, eben weil es *den* Hinduismus noch nicht gibt.

Doch tendenziell gilt: es differenzierte sich der Hinduismus als indisches Religionssystem soweit aus, daß zu ihm übergetreten werden kann, wenn auch zunächst nicht von Nicht-Indern. Aber der Schritt, auch diesen den Übertritt zum Hinduismus zu gestatten, ist nicht mehr weit. Die Systemgrenze des Hinduismus ist nun soweit gezogen, daß zwischen Innen und Außen unterschieden werden kann, und durch diese Abgrenzung bildet sich die Identität und Einheitlichkeit des Hinduismus. Der Arya Samaj ist also eine Reformbewegung mit konservativer Ausrichtung, die aber dabei so innovativ war, daß sich der Hinduismus als Religion weiter ausdifferenzieren konnte. Nach dem Tod Dayanandas (1883) begann der Arya Samaj zu expandieren. Der Arya Samaj wurde die erfolgreichste Reformbewegung des 19. Jahrhunderts. Mit insgesamt über einer Million Mitgliedern war er in jeder Stadt, zumindest in Nordindien, präsent. Europäer fanden im Arya Samaj noch keine Aufnahme, wohl aber in der Ramakrishna- Mission.

Nach dem Vorbild der christlichen Mission gründete am 1. Mai 1897 Swami Vivekananda zusammen mit Freunden die *Ramakrishna-Mission*, mit dem Ziel, »die Wahrheiten, welche Ramakrishna zum Besten der Menschheit ausgesprochen und in seinem Dasein erhärtet hat, zu verkünden und den anderen zu helfen, sie in deren eigenem Leben in Tat umzusetzen, zum Zwecke ihrer zeitlichen, geistigen und religiösen Förderung«.[141] Die Ramakrishna-Mission hatte sich zum Ziel gesetzt, den Vedanta, den sie als Vollendung aller historischen Religionen betrachtete, auf der ganzen Welt zu verbreiten. Damit verließ der Hinduismus erstmals Indien.

Ramakrishna war ein Heiliger, ein Mystiker, der ständig meditierte und Gotteserlebnisse hatte. Sein halbes Leben verbrachte er in Ekstase: seine Meditationen und ekstatischen Zustände hielten oft tagelang an. Schon als Kind zeigte sich Ramakrishnas religiöse Begabung, und seine Anhänger hielten ihn später für eine Inkarnation Gottes. Ramakrishna wurde 1836 in einem kleinen Dorf in Bengalen geboren und in der Tradition des bengalischen Vishnuismus erzogen. 1852 ging er nach Calcutta, wo er Tempelpriester wurde. Kali, Rama und Krishna offenbarten ihm das Göttliche, und er erfuhr Identität mit dem Brahman. Aber auch Mohammed begegnete ihm, und als er ein Bild der Jungfrau Maria mit dem Jesuskind sah, überkam ihn eine göttliche Erregung. Stärker noch als die Begegnung mit Mohammed war seine Begegnung mit Jesus: Ramakrishna und Jesus umarmten sich und verschmolzen dabei! Deshalb lehrte er die Einheit aller Religionen. Er war der Ansicht, daß alle Religionen dasselbe wollen, daß alle Religionen dieselbe Wahrheit verkünden und daß alle Religionen in ihrem Wesen übereinstimmen. Ramakrishna vertrat die Alleinheitslehre des Vedanta und sah folglich in der Mannigfaltigkeit der Religionen nur Schein (Maya). Der Mensch sei Teil der göttlichen Natur, und diese gelte es zu verwirklichen. Ramakrishna lehrte, daß man durch Hingabe an Gott (Bhakti), Gott in sich selbst erfahren könne. In einem Gleichnis sagte er, daß Gott wie ein in alle Richtungen bis zum Horizont ausgedehntes Feld sei, wovor eine Wand stehe, weshalb man das Feld nicht sehen könne. In dieser Wand befinde sich ein kleines Loch, wodurch man ein wenig des unendlichen Feldes erspähen könne, und dieses Loch sei er selbst.[142]

Ramakrishna starb nach langer und leidvoller Krankheit an Kehlkopfkrebs am 16. August 1886. Am Ende seines Lebens wurde er zunehmend von seinen Schülern als Avatara, also als Herabkunft Gottes, angesehen und verehrt. Als Mitglieder des Brahmo Samaj, zu denen Ramakrishna freundschaftlichen Kontakt pflegte, kritisierten, wie Martin Kämpchen schreibt, »daß seine Jünger ihn ›als den Herrgott predigen‹, entgegnete Ramakrishna lächelnd: ›Stell dir vor, der Herrgott stirbt an Halskrebs. Was für große Narren diese Burschen sein müssen.‹«[143]

Von Ramakrishna würden wir vielleicht nicht viel wissen, wenn nicht sein Lieblingsschüler Vivekananda ihn über die Grenzen Indiens hinaus bekannt gemacht hätte. Ramakrishna selbst steht in einer indischen Tradition, die man genau genommen nicht dem Neohinduismus zurechnen kann. Allenfalls sein Wissen um Jesus Christus zeigt den Einfluß europäischer Missionarstätigkeit auf das Bengalen des 19. Jahrhunderts. So meint auch Halbfass: »Ramakrishna selbst kann kaum zu den Vertretern des Neuhinduismus gerechnet werden; durch Vivekananda wird er jedoch zum Instrument und zur Leitfigur des Neuhinduismus und seiner Auseinandersetzung mit Europa.«[144] Erst Vivekananda vertrat durch die Verbreitung der Lehren Ramakrishnas, der Gründung der Ramakrishna-Mission und seiner Missionstätigkeit im Westen einen einheitlichen Hinduismus, wie er für den sogenannten Neohinduismus typisch ist.

Vivekananda wurde am 12. Januar 1863 in Bengalen geboren. Während seiner College-Zeit gehörte er dem Brahmo Samaj an. 1881 traf er zum ersten Mal Ramakrishna, der ihn sofort als seinen bedeutendsten Schüler erkannte. Kurz vor seinem Tod bestimmte Ramakrishna ihn zu seinem Nachfolger. Auf Drängen von Freunden fuhr Vivekananda 1893 zum Weltparlament der Religionen, das am Rande der Weltausstellung in Chicago vom 11. bis zum 18. September stattfand. Vivekananda hielt eine unvorbereitete Rede, in der er den Hinduismus als die vollkommenste, weil umfassendste Religion darstellte.[145] Jetzt hatte sich der Hinduismus soweit ausdifferenziert, daß er die Grenzen Indiens überschreiten konnte: zum ersten Mal in der Geschichte verläßt der Hinduismus Indien und missioniert im Westen! Die Rede von Swami Vivekananda vor dem *World's Parliament of Religions* war die Geburtsstunde des Hinduismus; so schrieben auch die Herausgeber seiner Werke: »Man kann von der Ansprache des Swamis vor dem Parlament der Religionen sagen, daß er, als er anfing, über die religiösen Ideen der Hindus sprach, daß aber, als er aufhörte, der Hinduismus geschaffen worden war.«[146]

Von 1893 bis 1897 reiste Vivekananda durch die Vereinigten Staaten und Europa, hielt Vorträge und gründete Niederlassungen der Ramakrishna-Mission als »Vedanta-Gesellschaften«. Er lehrte als erster Yoga im Westen. Nachdem sein Lehrer Ramakrishna die Einheit aller Religionen als Wege zu Gott in sich erfahren hatte, predigte Vivekananda die Einheit aller Religionen der westlichen Welt. Daß alle Religionen wahr seien, hatte vorher schon Keshub Chandra Sen gelehrt. Aber Vivekananda wendete die Advaita-Vedanta-Lehre des Shankara auf die Religionen an und verkündete den Hinduismus als die Universalreligion: »Wenn man eine universale Religion sucht, die für jeden paßt, dann darf sie nicht aus Teilen bestehen, sondern muß stets die Gesamtsumme aller Religionen sein und alle Stufen religiöser Entwicklung einschließen. Diese Idee tritt in keinem anderen religiösen System klar hervor.«[147] Das System Hinduismus verfügte nun über ein Selbstbewußtsein, das es ihm gestattete, sich nicht nur dem Christentum entgegenzustellen, sondern mit Vivekananda sich ihm überlegen zu fühlen, wie folgendes Zitat zeigt: »Ich will hinzufügen, daß es gut ist, in einer Kirche geboren zu werden, aber schlecht, darin zu sterben. Es ist gut, als Kind geboren zu werden, aber schlecht, ein Kind zu bleiben. Kirchen, Zeremonien und Symbole sind gut für Kinder, aber wenn das Kind erwachsen ist, muß entweder die Kirche überwunden werden, oder der Mensch zerbricht. Wir dürfen nicht für immer Kinder bleiben. Es ist, als wollte man einen Mantel machen, der allen paßt.«[148]

Als Vivekananda 1897 nach Indien zurückkehrte, wurde er triumphal empfangen, weil er einen religiös-motivierten, indischen Nationalismus mitbegründet hatte.[149] Die Alleinheitslehre des Vedanta wurde von ihm auf die Einheit der indischen Nation angewendet, womit er einen entscheidenden Anstoß zur Unabhängigkeit Indiens und zur Gründung der Indischen Bundesrepublik 1947 gegeben hatte. Deshalb nennt ihn Klimkeit den »Künder eines religiösen Nationalismus auf vedantischer Grundlage«[150]. Nach einem zweiten Amerika- und Europabesuch, bei dem er unter anderem auch am internationalen Kongreß für Religionswissenschaft in Paris teilnahm, starb er am 4. Juli 1902 an Diabetes in Belur/Indien.

Tagore

Der Dichter Rabindranath Tagore wurde weltberühmt, als er 1913 den Nobelpreis für Literatur erhielt. Neben seinen poetischen und erzieherischen Tätigkeiten gilt Tagore als einer der Repräsentanten der geistigen Auseinandersetzung Indiens mit der westlichen Kultur: auch Tagore ist ein Beispiel für die Reformation indischen Gedankenguts durch die Übernahme und Integration christlich-abendländischer Glaubensvorstellungen, was erheblich zur Ausdifferenzierung des Hinduismus beitrug. So spielte zum Beispiel die Liebe und die persönliche Beziehung zu Gott – ähnlich wie im Christentum – eine große Rolle in Tagores Religiosität. Er versuchte Östliches und Westliches harmonisch zu verbinden. Die Begegnung des Ostens mit dem Westen erschien ihm bedeutend, und er fühlte sich dazu berufen, die Einigung von Osten und Westen herbeizuführen, jedoch ohne konkreter zu fassen, wie er sich diese Einigung vorstellte.

Tagore, geboren am 7. Mai 1861 in Calcutta, stammte aus einer bedeutenden bengalischen Familie: sein Vater war Debendranath Tagore, der Nachfolger von Ram Mohan Roy im Brahmo Samaj. In Santiniketan, einer Ortschaft etwa 150 Kilometer von Calcutta entfernt, experimentierte Rabindranath in einem Ashram, den auch sein Vater besuchte, mit der Idee einer Freiluftschule. Daraus wurde 1921 eine Privatuniversität. Nach seinem Tod – er starb am 7. August 1941 in Calcutta – wurde daraus die Staatsuniversität Santiniketan, bis heute eines der größten Kulturinstitute Indiens.[151]

Tagore war ein religiöser Mann: schon im Alter von achtzehn Jahren machte er seine erste, tiefe religiöse Erfahrung. Er glaubte, daß Gott sich in seiner Schöpfung manifestiert, im Belebten wie im Unbelebten (Pantheismus), und daß diese Manifestation kulminiere in der Krone der Schöpfung: dem Menschen. Er glaubte, daß Gott den Menschen schuf, um Liebe zu ermöglichen. Das ist nur möglich, wenn Liebender und Geliebter getrennt existieren. Andererseits aber glaubte Tagore, daß Gott und Mensch eins sind. So interpretierte Tagore das Paradox, daß der Mensch zugleich verschieden ist von Gott und doch mit ihm eins. Tagore sah seine Dichtkunst als Akt der Liebe, die zu Gott führe, und er fühlte eine persönliche Beziehung zu Gott. Nicht er selbst nämlich schreibe seine Lyrik, sondern Gott diktiere sie ihm. Lyrik war für Tagore Religiosität.[152]

In Indien gilt Tagore bis heute als größter Dichter der Moderne. Ganz etwas anderes aber machte ihn auch im Westen unvergeßlich: er pries Gandhi, den er 1915 kennengelernte hatte, als *Mahatma*, die »Große Seele«. Der Beiname »Mahatma« ist bis heute bekannter als Gandhis Vorname, auch wenn Gandhi diese Bezeichnung nicht besonders mochte.

Gandhi

Mohandas Karamchand Gandhi wurde am 2. Oktober 1869 in Porbandar in Gujarat geboren. Gandhis Eltern verehrten Vishnu, und er hatte auch schon früh Kontakt zum Islam, denn seine Eltern waren mit Muslimen befreundet. Stark beeinflußt war Gandhi aber auch vom Christentum, das er während seines Jurastudiums 1888–1891 in England kennenlernte. Dort begann er, die Bibel zu lesen. Das vierte Buch Mose stieß ihn zunächst ab, aber um so mehr war er dann begeistert vom Neuen Testament, insbesondere von der Bergpredigt. Trotzdem konnte Gandhi nicht glauben, wie er schreibt, »daß Jesus der einzige fleischgewordene Sohn Gottes sei und daß nur, wer an ihn glaubt, das ewige Leben haben solle. Wenn Gott Söhne haben konnte, dann waren wir alle seine Söhne. Wenn Jesus gottgleich oder selbst Gott war, dann waren wir alle gottgleich und konnten selbst Gott werden. Meine Vernunft war nicht bereit, buchstäblich zu glauben, daß Jesus durch seinen Tod und sein Blut die Sünden der Welt abgebüßt habe. Metaphorisch mochte darin freilich einige Wahrheit stecken.«[153]

Angeregt durch Theosophen las Gandhi in England die Bhagavadgita und hielt das Buch für die Erkenntnis der Wahrheit. Wahrheit hatte für Gandhi eine Bedeutung, die die Bedeutung des europäischen Wahrheitsbegriffs weit übersteigt: sein Leben verstand er als »Experimente mit der Wahrheit«, und die Wahrheit sei Gott. Kernstück seines politischen Wirkens war *Satyagraha*, die »wahre Kraft«, das Streben nach Wahrheit, das zur Bezeichnung seines gewaltlosen Widerstands wurde.

Schon in den Upanishaden wurde die Wahrheit als das Sein gedacht: »Der Name (d. h. das eigentliche Wesen) dieses brahman ist ›Wahrheit‹«[154], heißt es dort, und an anderer Stelle wird gesagt: »Wahrlich, das [eine] (die Wahrheit) ist das [andere]. Das [andere] war die [eine], nämlich die ›Wahrheit‹.«[155] Das Brahman ist die Wahrheit. Wahrheit wird hier nicht gefaßt als *adaequatio rei et intellectus*, als »Übereinstimmung von Sache und Denken« wie bei Thomas von Aquin, sondern eher wie bei Heidegger, der das griechische *alétheia* (Wahrheit) als »Unverborgenheit« übersetzt.[156] Nicht die richtige sprachliche Benennung, die Übereinstimmung von Sätzen mit der Wirklichkeit, ist als Wahrheit gemeint, wenn es in den Upanishaden heißt: »Durch die Wahrheit weht der Wind; durch die Wahrheit leuchtet die Sonne am Himmel; die Wahrheit ist die Grundlage der Sprache; auf der Wahrheit ist das All gegründet.«[157] Gandhis »Satyagraha« entspricht Heideggers »Entbergung« des Seins.

Schon in Indien entwickelte Gandhi eine gewisse Abneigung gegen das Christentum, ausgelöst durch christliche Missionare, die seiner Meinung nach die Hindus und ihre Götter beschimpften. Außerdem müssen Christen, wie ihm auffiel, Wein trinken (nämlich beim Abendmahl) und Fleisch essen. Gandhi war, wie viele Hindus, Vegetarier. Ein einschneidendes Erlebnis in seiner Jugend verhalf ihm zu dieser Überzeugung: ein Freund erzählte ihm, daß die Inder solch ein schwaches Volk seien, weil sie kein

Fleisch äßen. Die Engländer seien nur deshalb in der Lage, die Inder zu beherrschen, weil sie Fleischesser sind. Also aß Gandhi eines Tages heimlich Ziegenfleisch, das ihm aber nicht schmeckte. In der Nacht darauf hatte er fürchterliche Alpträume. Mehrmals danach aß er noch Fleisch, bis er schließlich gegenüber seinen Eltern ein so schlechtes Gewissen bekam, daß er dem Fleischgenuß für immer abschwor.

Nach seiner Ausbildung zum Barrister in London kehrte Gandhi nach Indien zurück. Aufgrund seiner Schüchternheit war er jedoch ein erfolgloser Rechtsanwalt. Deshalb schickte ihn seine Familie 1893 nach Südafrika, um befreundeten Muslimen bei einem Rechtsstreit zu helfen. Er blieb zwanzig Jahre dort. In Südafrika entwickelte er seine religiöse Lehre, deren Kern die Ethik ist – ein Konglomerat aus christlichen und hinduistischen Moralvorstellungen. Er gelangte zu der Ansicht, daß das Wesen der Religion die Moral sei. Auf Anraten von Freunden beschäftigte er sich wieder mit der Bibel und war besonders von den Predigten Jesu und dessen Ethik angetan. Er setzte den christlichen Gott gleich mit Rama, aber die Lehre von Karma und Dharma blieben für ihn von zentraler Bedeutung. Er gelangte dabei zu der Überzeugung, »daß der Hinduismus die beste, weil die umfassendste aller Religionen sei«[158]. In solchen Äußerungen zeigt sich auch Gandhis Chauvinismus und Nationalismus. Die Einstellung, der Hinduismus sei die beste Religion, führte zwar einerseits zur Unabhängigkeit Indiens, andererseits jedoch hatte diese Einstellung Mord und Totschlag zwischen Hindus und Muslimen zur Folge – auch wenn Gandhi sich immer um Gewaltfreiheit und Frieden bemühte, gerade zwischen diesen beiden Gruppen. Die zunehmende Ausdifferenzierung des Hinduismus hatte nämlich auf der anderen Seite die Ausgrenzung der Muslime zur Folge. Inder-sein wurde gleichgesetzt mit Hindu-sein, womit den indischen Muslimen die nationale Identität als Inder von vornherein abgesprochen wurde. Gandhis Einsatz für die Muslime bezahlte er mit seinem Leben: am 30. Januar 1948 erschoß ihn ein extremistischer Hindu, der in ihm einen Verräter sah.

Der Hinduismus war inzwischen so weit ausdifferenziert, daß sich Gandhi wie selbstverständlich als »Hindu« bezeichnen konnte. Allerdings war er der Ansicht, daß man, um Hindu zu sein, als Hindu geboren sein müsse, denn man könne zum Hinduismus nicht konvertieren. Gandhi formulierte trotzdem ein »hinduistisches Glaubensbekenntnis«, indem er vier Kriterien benannte, die seiner Meinung nach den Hinduismus bestimmen:

»Ich nenne mich einen orthodoxen Hindu (sanatani Hindu), weil ich
1. an die Veden, die Upanishaden und die Puranas glaube und an alles, was Hinduistische Schriften genannt wird, und weil ich daher an göttliche Verkörperungen *(avatara)* und Wiedergeburt glaube;
2. weil ich an die Gesellschaftsordnung der Kasten und Lebensstadien *(varnashramadharma)* glaube in dem Sinn, der meiner Meinung nach strikt vedisch ist, nicht im gegenwärtig verbreiteten und groben Sinne;
3. weil ich an den Schutz der Kuh glaube – in einem Sinn, der viel umfassender ist als der verbreitete;
4. weil ich nicht an die Bilderverehrung glaube.«[159]

Gandhi glaubte zwar nicht an die Exklusivität der Veden als heilige Schriften, sondern er akzeptierte genauso die Bibel und den Koran. Aber er fühlte die Wahrheit der Veden, wie er sich auszudrücken pflegte, obwohl er die Kenntnisse dieser Schriften heute für eher chaotisch hielt. Jedoch seien die Grundlagen des Hinduismus wie bei jeder anderen großen Religion auch unveränderlich und leicht verständlich für jedermann: nach Gandhi glaube jeder Hindu an Gott, Wiedergeburt und Erlösung.

Der gesamte sogenannte Neohinduismus war geprägt durch entweder eine große Affinität zur europäischen Moderne oder aber durch strikte Ablehnung der europäischen Zivilisation.

Gandhi lehnte die Errungenschaften der Moderne radikal ab: er war gegen Großstädte wie Bombay oder Calcutta, gegen das Eisenbahnnetz, gegen europäische Rechtsprechung, gegen moderne Medizin, gegen ein schulisches Bildungswesen und gegen Maschinentechnik und Industrialisierung.[160] Für das Wesen der westlichen, modernen Zivilisation hielt er den Materialismus, der für alle Modernitätsschäden verantwortlich sei. Die westliche Zivilisation beruhe weder auf Moral noch auf Religion, sondern auf Egoismus und Besitzstreben. Zwar unterschied Gandhi zwischen materiellem Fortschritt, den er verwarf, und moralischem Fortschritt; aber genau besehen war für ihn die wahre Kultur nur im traditionellen Indien zu finden. Gandhi war erzkonservativ und wollte an der alten indischen Agrargesellschaft festhalten. Der materielle Fortschritt jedoch, der seit der industriellen Revolution in Europa sein Unwesen treibe, sei nun dabei, auch nach Indien zu gelangen und Moral und Religion zu verderben – und genau das wollte Gandhi verhindern.

Ein Zeitgenosse Gandhis war der etwas jüngere Aurobindo, der auch zunächst stark europäisiert war und sich dann indischem Gedankengut zuwandte. Während Gandhi jedoch die europäische Kultur und Zivilisation heftig kritisierte, bildet Aurobindos Denken eine bewußte Synthese von beidem.[161]

Aurobindo

Aurobindo Ghose, geboren am 15. August 1872 in Calcutta, wurde mit sieben Jahren von seinem Vater zur Ausbildung nach England geschickt. Über vierzehn Jahre blieb Aurobindo in Europa und kehrte erst 1893 zurück. Dadurch war er ausgestattet mit westlicher Bildung. Englisch blieb sein ganzes Leben die Sprache, in der er seine Werke schrieb. Er arbeitete in Indien zunächst als Englisch- und Französischlehrer.[162]

Schon in England gehörte Aurobindo einem antibritischen Studentenverband an, der sich für die Unabhängigkeit Indiens einsetzte. 1906 kam er in Indien mit der Unabhängigkeitsbewegung in Kontakt. Er setzte sich für die völlige Loslösung Indiens von Großbritannien ein und wollte ein revolutionäres Bewußtsein bei den Indern schaffen. 1908 wurde er verhaftet im Zusammenhang mit einem erfolglosen Bombenattentat gegen einen britischen Richter, bei dem ein Ehepaar ums Leben kam. Aurobindo war unschuldig, saß aber ein Jahr im Gefängnis. Dieser Gefängnisaufenthalt veränderte sein Leben. Als er ins Gefängnis geworfen wurde, war sein Glaube für eine Weile erschüttert, wie er später berichtete, bis die Stimme Gottes zu ihm sprach, er solle abwarten.

Seine Situation in Einzelhaft schilderte Aurobindo dann so: »Da wartete ich Tag und Nacht auf die Stimme Gottes in mir, um zu wissen, was er mir sagen wollte, um zu erfahren, was ich zu tun hätte. In dieser Abgeschlossenheit erfuhr ich die erste Realisation, die erste Belehrung. Ich erinnerte mich, daß einen Monat oder mehr vor meiner Verhaftung mich ein Anruf getroffen hatte, alle äußere Aktivität aufzugeben, in die Abgeschiedenheit zu gehen und in mich selbst hineinzuschauen, so daß ich in eine engere Gemeinschaft mit Ihm zu treten vermöchte. Ich aber war schwach und konnte dem Ruf nicht entsprechen.«[163] Seine politische Arbeit erschien ihm wichtiger, und so bedurfte es Gott, ihm den rechten Weg zu weisen, und dieser sprach dann auch zu ihm: »Die Ketten, die du zu zerbrechen keine Kraft hattest, habe ich für dich zerbrochen. Denn es ist nicht mein Wille, noch war es meine Absicht, daß es so weitergehen sollte. Ich habe etwas anderes für dich zu tun, und dazu habe ich dich hierher gebracht, dich zu lehren, was du selbst nicht lernen wolltest, um dich für mein Werk vorzubereiten.«[164]

Bei der Verhandlung entdeckte Aurobindo, daß der Staatsanwalt in »Wirklichkeit« Krishna war, der ihn nur ins Gefängnis hatte werfen lassen, um ihm den rechten Weg zu weisen: »Ich blickte auf den Ankläger, und es war nicht der Ankläger, den ich sah, es war Sri Krishna, der dort saß, es war mein Geliebter und Freund, der dort saß und lächelte: ›Nun, fürchtest du dich?‹ Er sagte: ›Ich bin in allen Menschen und beherrsche die Handlungen und Worte. Mein Schutz ist immer noch mit dir, und du sollst dich nicht fürchten. Diese Anklage, die gegen dich gebracht worden ist, belasse ganz in meiner Hand. Sie ist nicht deine Sache. Nicht wegen dieses Prozesses habe ich dich hierher gebracht, sondern zu einem anderen Zweck. Die Anklage selbst ist mir nur ein Mittel für mein Werk und nichts weiter.‹«[165] Nach seinem Freispruch ging Aurobindo nach Pondicherry in Südindien, das damals unter französischer Verwaltung stand, und gründete einen Ashram. Dort führte er für die nächsten vierzig Jahre bis zu seinem Tod am 5. Dezember 1950 ein spirituelles Leben.

Aurobindo wollte keine neue Religion begründen, sondern einen Weg »öffnen, der noch blockiert ist«[166]. Er entwickelte eine Synthese aus indischer und europäischer Philosophie: er verband die Evolutionstheorie, die seit Darwin das Denken Europas bestimmt und in gewissem Widerspruch zur indischen zyklischen Zeitvorstellung steht, einschließlich Nietzsches Konzept des Übermenschen mit Yoga und Vedanta. Nach Nietzsche ist der Mensch etwas, das überwunden werden soll. Das, was der Affe für den Menschen ist, soll der Mensch für den Übermenschen sein. Der Weg vom Wurm zum Menschen kann nicht das Ende der Entwicklung sein; und das, was sich einst aus dem Menschen entwickeln wird, bezeichnete Nietzsche mit dem Verlegenheitstitel »Übermensch«. Die Evolution führt in eine Entwicklung von der Materie über das Tier und den Menschen – nach Aurobindo – zum Supramental.

Durch Yoga gilt es nun, zum Übermenschen (»superman«) und zur völligen Vergeistigung (»supermind«) zu gelangen.[167] Diese Entwicklung umfaßt Körper und Geist gleichermaßen und stellt schließlich die göttliche Vollendung des Menschen dar. Durch Yoga gelingt es der Menschheit, höhere Bewußtseinsebenen zu erreichen. Aurobindos Yoga ist neu, will neue Wege gehen und nicht die alten, traditionellen. Neu daran ist für Indien die Diesseitigkeit. Er sagte, daß die Ablehnung der Transzendenz in Europa zum »Bankrott des Geistes« geführt habe, umgekehrt die Ablehnung der Welt in Indien zum »Bankrott des Lebens«. Das Neue seines Integralen Yoga habe er in den alten Yoga-Methoden nicht gefunden: »Unser Yoga will nicht alte Pfade wieder gehen, sondern ist ein spirituelles Abenteuer.«[168] Die alten Yoga-Methoden forderten einen Rückzug von der Welt, um sich im absoluten Geist zu verlieren. Aurobindos Synthese von Geist und Materie ist diesseitig ausgerichtet, verlangt also eine Zuwendung zum Weltlichen, denn das Supramental wirkt in der Welt. Durch die Herabkunft dieses höheren Prinzips wird »unser spirituelles Selbst nicht einfach nur von der Welt befreit, sondern es [wird] gerade in der Welt befreit, die die Unwissenheit des Geistes, oder sein sehr begrenztes Wissen, durch ein ›supramentales‹ Wahrheitsbewußtsein ersetzt, das [...] es dem Menschen möglich machen wird, dynamisch wie innerlich sich selbst zu finden und aus seiner noch animalischen Humanität herauszuwachsen, um ein göttliches Geschlecht zu werden«[169]. Die Disziplin des Yoga bewirke die »Öffnung« des Menschen für seine Transformation, die durch die Herabkunft des Supramentals geschieht. Das Supramental kann durchaus als Brahman oder Purusha der alten, indischen Philosophie aufgefaßt werden.

In Aurobindos diesseitiger Ausgerichtetheit ist der absolute Gott nicht transzendent, sondern wirkt immanent: »Als die Offenbarung Gottes in der Materie und als das Ziel der Natur in ihrer irdischen Evolution wird uns verheißen: Wir sollen in einem tierhaften, von Ego bestimmten Bewußtsein das göttliche Wesen erkennen, besitzen und sein.«[170] Es geht ihm nicht nur um die Erkenntnis Gottes, sondern darum, Gott zu sein: *The Life Divine*, »das Göttliche Leben« auf Erden – so lautet der Titel seines Hauptwerkes. Nietzsches *»bleibt der Erde treu«* schlägt sich in Aurobindos Weltbejahung nieder. Wenn es ein göttliches Leben auf Erden gibt, dann muß es sowohl Geist wie Materie geben. Aurobindo lehnt den Materialisten ebenso ab wie den Asketen. Während der eine nur von der Realität der Materie ausgehe, sei der Sannyasin ins Jenseits verliebt. Zwar können Geist wie Materie meinen, sie seien die absolute Wirklichkeit, in Wahrheit existieren sie aber nicht getrennt voneinander. Aurobindos Lehre ist ein reiner Monismus. Er akzeptiert nicht den Dualismus von Purusha und Prakriti der Samkhya-Philosophie. Aber er entlarvt auch Shankaras vermeintlichen Monismus des Advaita-Vedanta als Zweiheit: alles sei zwar Brahman, so behauptet Shankara, aber dieser setzt dagegen das Prinzip der Täuschung – Maya. »Shankaras weltfreies, inaktives Selbst und seine maya der vielen Namen und Formen sind in gleicher Weise unvereinbare, unversöhnliche Einheiten.«[171] Aurobindo hält Brahman für eine allgegenwärtige Wirklichkeit und nicht für eine allgegenwärtige Ursache ständiger Illusionen: »Der wirkliche Monismus, das wahre *advaita*, erkennt alle Dinge als das eine *brahman* an und versucht nicht, sein Dasein in zwei unvereinbare Wesenheiten zu zertrennen: in ewige Wahrheit und ewige Unwahrheit, *brahman* und Nicht-*brahman*, Selbst und Nicht-Selbst, ein wirkliches Selbst und eine unwirkliche, aber doch ewig dauernde *maya*.«[172] Dieser Gedanke erinnert an das Wort Heraklits »Eines (ist) Alles«, aber auch an den Ausdruck von Nicolaus Cusanus »Alles in Allem«. Man kann Alles in jedem Einzelnen erkennen, alles steht in Zusammenhang, ist nur ein einziger Zusammenhang – Rombach spricht hier von *Idemität*, der Identität mit sich selbst und der Identität mit dem Ganzen, der Struktur, dem Sein.[173]

Aurobindo faßt mit dem Begriff des Integralen Yoga alles, was sich nun als »hinduistisch« verstehen läßt, zu einer Synthese zusammen. Mit ihm integriert der jetzt voll ausdifferenzierte Hinduismus alle traditionellen Lehren, die erweitert werden um das moderne Weltbild Europas. Die zunehmende Selbstbewußtwerdung in der Philosophie Aurobindos entspricht weniger Moksha als vielmehr dem erscheinenden Wissen in Hegels *Phänomenologie des Geistes.* Aurobindo spricht von der Evolution des Lebens in der Materie und Evolution des Mentals in der Materie, also von einem immanenten Prozeß. Warum hat sich überhaupt Leben aus der Materie oder Mentales aus dem Leben entfaltet? Aurobindo löst dieses Problem im Rückgriff auf die Alleinheitslehre des Vedanta, indem er sagt, »daß Leben schon in Materie und Mental schon in Leben involviert ist, weil ihrem Wesen nach Materie eine Form verhüllten Lebens und Leben eine Form verhüllten Bewußtseins ist«.[174] Dann aber ist Bewußtsein selbst nur eine Verhüllung höherer Zustände, die jenseits des Mentals Brahman liegen: des Supramentals Atman. »Yoga« bei Aurobindo bezeichnet das reine Geschehen[175], das in allen Prozessen wirkt. Integraler Yoga versucht nicht, das Ausbrechen aus dem Samsara zu ermöglichen, sondern vielmehr die Form des Lebens und der Existenz zum Göttlichen hin zu verändern: Leben ist kosmische Energie, wodurch das Göttliche erreicht und manifestiert werden kann. – Damit hat Aurobindo das Systemdenken bereits überschritten. Er kann auf den Hinduismus als System verzichten, weil er in Kategorien der Strukturontologie denkt.[176]

Radhakrishnan

Als letzter Vertreter des Neohinduismus soll hier der Philosoph, Diplomat und Politiker Sarvepalli Radhakrishnan behandelt werden. Der Hinduismus ist für Radhakrishnan eine Synthese aus Philosophie und Frömmigkeit, Wissenschaft und Weisheit. Radhakrishnan versuchte, modernes Weltverständnis und indische Religiosität miteinander zu verbinden. Dabei war er zum einen stark beeinflußt durch das Christentum, zum anderen entwickelte er eine Synthese der religiösen Vorstellungen seiner »neohinduistischen« Vorgänger. Damit prägte er maßgeblich den heutigen, intellektuellen Hinduismus, der sich als universal, tolerant, unhistorisch (weil auf ewiger Wahrheit beruhend) und als Religion versteht. Dabei hatte er immer als Vorbild das Christentum vor Augen. Radhakrishnan wandte sich jedoch gegen den Absolutheitsanspruch des Christentums: er war der Ansicht, daß es erstens kein Volk gäbe, dem sich Gott nicht offenbart, und daß es zweitens keine vollkommene Offenbarung des Absoluten in der Welt des Relativen geben könne. Daher müsse das Christentum seinen Anspruch auf Absolutheit aufgeben. Radhakrishnan sieht im Hinduismus wie in der Verkündigung des Christentums eine gemeinsame indo-arische Religion.

Radhakrishnan wurde am 5. September 1888 in der Nähe von Madras geboren, wo er auch aufwuchs. Obwohl seine Eltern streng gläubige Hindus waren, besuchte Radhakrishnan Schulen und Colleges der christlichen Mission. Dadurch war er nicht nur mit den Lehren des Christentums vertraut, sondern kannte auch die Kritik der christlichen Missionare an Glauben und Praxis der indischen Religiosität; er schreibt: »In meinem Stolz als Hindu, den der Eifer und die Rednergabe von Swami Vivekananda wachgerufen hatten, fühlte ich mich zutiefst gekränkt durch die Art, wie der Hinduismus in den Missionsinstituten behandelt wurde. Es fiel mir schwer, einzugestehen, daß Hindu-Asketen und -Lehrer, die in unserer Welt einen lebendigen Kontakt mit jener klassischen Kultur Indiens bewahrten, in der ein großer Teil unseres Wissens und fast all unser Tun verankert ist, nicht wahrhaft religiös sein sollten.«[177] Diese Herausforderung christlicher Kritiker brachte ihn dazu, den »Hinduismus« zu studieren. Nach seinem Studium unterrichtete Radhakrishnan Philosophie zunächst in Madras, dann in Mysore und später in Calcutta. 1926 unternahm er seine erste Asien- und Europareise, wobei er in Oxford mehrere Vorträge hielt, die unter dem Titel »The Hindu View of Life« veröffentlicht wurden. 1929 wurde er zum Professor in Oxford berufen und lehrte dort von 1936 bis 1952 über östliche Religionen. Gleichzeitig war er auch Professor für Philosophie in Delhi und Vize-Kanzler an der Banaras Hindu University. Von 1947 bis 1950 leitete er die indische Delegation bei der UNESCO. Darauf wurde er Botschafter Indiens in Moskau, von 1952 bis 1962 Vizepräsident der Indischen Union und schließlich von 1962 bis 1967 Staatspräsident. 1961 erhielt er den Friedenspreis des Deutschen Buchhandels. Er starb am 17. April 1975 in Madras.

Schon früh versuchte Radhakrishnan den Vorwurf zu entkräften, daß die Vedanta-Philosophie keine Ethik enthalte. Den Vorwurf, indisches Denken sei unethisch und asozial, erhob vor allem Albert Schweitzer, der den Hinduismus für eine sozial impotente, weil weltabgewandte Religion hielt. Schweitzer hatte dem indischen Denken vorgeworfen, daß es weltablehnend und lebensverneinend sei; das christlich-europäische, aber auch das altpersische und chinesische Denken sei dagegen welt- und lebensbejahend. Der lebensbejahende Mensch sehe folglich in sich und der Welt etwas Wertvolles und sei daher bestrebt, sein Sein in sich zur Vollendung kommen zu lassen. Ganz anders dagegen die indische Weltanschauung: »Welt- und Lebensverneinung hingegen besteht darin, daß er das Sein, wie er es in sich erlebt und wie es sich in der Welt entfaltet, als etwas Sinnloses und Leidvolles ansieht und sich dementsprechend entschließt, das Leben in sich durch Ertötung des Willens zum Leben zum Aufhören zu bringen und auf alles Wirken, das die Erhaltung und Förderung anderen Lebens bezweckt zu verzichten.«[178] Aus seiner christlich-theologischen Sicht behauptet Schweitzer dann weiter, daß nur die Welt- und Lebensbejahung den Menschen dazu anhalte, seinen Mitmenschen zu achten und moralisch zu handeln. Die weltablehnenden Inder hingegen verachteten die Welt und hätten deshalb überhaupt keine Ethik, weil ihnen die Welt sinnlos und jämmerlich erschiene. Daß die Karmatheorie kein Egoismus ist, sondern ein Altruismus, weil ja gerade gute Taten gegenüber anderen und der Gemeinschaft zu besserer Wiedergeburt führen, sieht Schweitzer nicht. Für ihn ist die ethische Haltung nur eine Hilfe zu einer besseren Reinkarnation.

Radhakrishnan antwortete auf Schweitzers Vorwürfe in einer Vorlesung vor der Royal Society of Arts in London am 30. April 1937, die als drittes Kapitel in *Eastern Religions and Western Thought* abgedruckt ist. Dort sagt er, daß neuerdings die Neigung entstanden sei, »die östliche Mystik von der westlichen zu unterscheiden, oder genauer gesagt, die Hindumystik von der christlichen, indem man den ungeheuren ethischen Ernst der letzteren der ethischen Indifferenz der ersteren gegenüberstellt. Christliches Denken, wird behauptet, ist dynamisch und schöpferisch. Es bekennt sich zur Realität der Welt und zur Sinnerfüllung des Lebens. Hindu-Denken dagegen verneint angeblich die Realität der Welt, verzweifelt am menschlichen Leben, vergiftet die wirklichen Quellen des Denkens und Handelns und verherrlicht Tod und Unbeweglichkeit. Es erzeugt weder Kräfte noch Vorsätze, die auf höhere Endziele gerichtet sind.«[179] Angesichts der verletzenden Behauptungen und lediglich angelesenen Kenntnissen der indischen Philosophie seitens christlicher Theologen wie Albert Schweitzer verwundert es schon, wie vorsichtig Radhakrishnan argumentiert, anstatt die Vorwürfe von sich zu weisen und die Ethik des Hinduismus darzulegen. Radhakrishnan geht jeder Konfrontation aus dem Weg, wenn er versucht, die Nähe von Hinduismus und Christentum herauszustellen, die wesentlich größer sei als die zwischen Religion und Humanismus – dem modernen westlichen säkularen Weltbild. Der Hinduismus, wie jede andere Religion auch, sei wesenhaft »jenseitig« ausgerichtet und begreife »die Welt als bloße Vorhalle und Übungsfeld für eine andere, in der allein das Leben wirklich, reich und dauernd« sei.[180] Jede Religion habe nach Radhakrishnan zwei Seiten, eine individuelle und eine soziale, und sei nur vollkommen, wenn beide Seiten berücksichtigt würden. Dies sei jedoch im Hinduismus der Fall!

Den Hinduismus interpretiert Radhakrishnan jetzt als eine dynamische Tradition: »Wächst sie nicht, so bedeutet das, daß ihre Anhänger geistlich tot sind.«[181] Durch die ganze Geschichte des Hinduismus hätten die geistigen Führer mit neuen Formen experimentiert und neue Ideale geschaffen, um stets den neuen Verhältnissen gerecht zu werden: »Der erste Anstoß zum Fortschritt kam, als die vedischen Arier in Berührung mit den eingeborenen Stämmen kamen. Ein ähnlicher Anstoß wirkte bei den protestantischen Bewegungen des Jainismus und Buddhismus mit, als die Arier in die Gangesebene vordrangen. Die Berührung mit den hochzivilisierten Draviden führte zu der Umwandlung des Vedismus in eine theistische Religion. Die Reformbewegungen des Ramananada, Caitanya, Kabir und des Nanak verraten den Einfluß des Islam. Der Brahma-Samaj und der Arya-Samaj sind die Folgen der Berührung mit dem Westen. Und auch heute kann man den Hinduismus nicht als eine bloße

Masse von Meinungen und als ein Gezänk um Meinungen einfach beiseiteschieben. Denn er spiegelt ein stetes Wachsen von Erkenntnissen wider, da jede Form desselben und jede Phase seines Wachstums in Beziehung zu dem gemeinsamen Hintergrund des Vedanta steht. Denn wenn das religiöse Denken der Hindu auch durch manche Revolution hindurchgegangen ist und große Eroberungen gemacht hat, die grundlegenden Ideen sind vier oder fünf Jahrtausende hindurch dieselben geblieben und keimartig im Vedantaideal enthalten.«[182]

Radhakrishnan übernimmt den Hinduismusbegriff und interpretiert die fehlende Dogmatik und uneinheitlichen Glaubensvorstellungen, die unter dem Begriff »Hinduismus« subsummiert werden müssen, als lebendiges Wachstum und innere Dynamik innerhalb des einen Religionssystems. Dabei geht es nicht nur um die Identität einer Religion, sondern in Indien selbst von »Hinduismus« zu sprechen bringt das Problem mit sich, die ungeheure Vielfältigkeit der kulturellen und religiösen Traditionen mit all ihren Widersprüchen auf einen Nenner zu bringen. Die unterschiedlichen religiösen Entwicklungen und Bestrebungen auf dem indischen Subkontinent kann Radhakrishnan jetzt, nachdem der Hinduismus als Religionssystem ausdifferenziert ist, das nun alle indische Religiosität und Frömmigkeit, Glaube und Praxis, Schriften und Traditionen enthält, zusammenfassend als Hinduismus interpretieren und zwar so, daß trotz vieler Reformen im Hinduismus die Basis (»essential ideas«) immer diesselbe geblieben sei. In der jungen Tradition des Hinduismus – inklusivistisch und sich selbst als universal verstehend – sieht Radhakrishnan die Einheit aller Religionen in der gemeinsamen Suche nach Wahrheit. Glaubt dagegen eine Religion im Besitz der Wahrheit zu sein, sieht er die Toleranz und den Frieden gefährdet. Der Aufbruch dieses neuen Hinduismus klingt in den Worten Radhakrishnans so:

»Nach einem langen Winter von einigen Jahrhunderten befinden wir uns heute für den Hinduismus in einer Periode des Frühlings. Wir fangen an, auf unseren alten Glauben mit frischen Augen zu blicken. Wir fühlen, daß unsere Gesellschaft sich in einem Zustande unsteten Gleichgewichts befindet. Es gibt viel Holz, das tot und krank ist und das weggeschnitten werden muß. Die Führer des Hindu-Denkens und der Hindu-Praxis sind überzeugt, daß unsere Zeit nicht eine Preisgabe der Grundprinzipien des Hinduismus erfordert, sondern eine Wiederherstellung derselben unter spezieller Berücksichtigung der Bedürfnisse einer komplizierten und beweglicheren sozialen Ordnung. Solch ein Versuch wird lediglich eine Wiederholung eines Prozesses sein, der sich schon oft in der Geschichte zugetragen hat. Das Werk der Wiederherstellung hat begonnen. Wachstum geht langsam vor sich, wenn die Wurzeln tief sind. Aber diejenigen, welche eine kleine Kerze in der Finsternis anzünden, helfen, um den ganzen Himmel aufleuchten zu lassen.«[183]

Radhakrishnan sah, wie andere Vertreter des Neohinduismus auch, im Hinduismus die Identität oder den roten Faden der diffusen Kulturtradition auf dem indischen Subkontinent. Damit konnte der Hinduismus zum entscheidenden Integrationsfaktor für die nach der Unabhängigkeit von der britischen Vorherrschaft neu zu schaffende Nation Indien werden. Peter Schreiner kommentiert diesen Aspekt der Philosophie Radhakrishnans wie folgt: »Im historischen Rückblick wird selbst noch die Kultur des Industals, die vor der Einwanderung der Indoarier dort bestanden hat, in den Hinduismus vereinnahmt. Jainismus, Buddhismus und Sikhismus werden als Erneuerungsbewegungen dargestellt, die aus dem Hinduismus hervorgingen. Die Ausbreitung des Buddhismus über ganz Asien erscheint in diesem Licht als eine Ausbreitung des indischen Geistes. Hinduismus gilt als

Universalreligion schlechthin. Die Grundlage dieser Universalreligion ist die persönliche Erfahrung, also nicht ein Dogma oder ein Glaubensbekenntnis (die Abgrenzung zum Religionsverständnis des Christentums ist deutlich!). Daß Erfahrung, das heißt die Suche nach Gotteserfahrung und die unmittelbare Einsicht in Wahrheit, die Grundlage von Religion und von Hinduismus sei, wird als Begründung dafür angeführt, warum der Hinduismus der gegenwärtigen religiösen Lage und den Bedürfnissen der Moderne besonders entgegenkomme.«[184]

Hinduismus und Fundamentalismus

Nach der Ausdifferenzierung des Hinduismus zum Religionssystem bildet der Hinduismus den entscheidenden Integrationsfaktor Indiens: Inder finden als Hindus zu einer Identität. Aber die Identitätsbildung durch das neugeschaffene Prädikat, Hindu zu sein, schließt gleichsam alle Nicht-Hindus aus. Vor allem den Muslimen wurde immer wieder schmerzlich bewußt, daß sie an der Hindu-Identität nicht teilhaben, obwohl sie auch Inder sind. Die jüngere und jüngste Geschichte Indiens ist denn auch geprägt durch blutige Auseinandersetzungen zwischen Hindus und Muslimen.

Die Unabhängigkeitsbewegung war bemüht, fremde, nicht-indische Kultur- und Lebensformen auszugrenzen und ein »Hindu-Bewußtsein« zu schaffen. Gesucht wurde eine eigene Identität, und man besann sich dabei auf alles Indische, das nun unter anderem auch durch die Arbeit der europäischen Orientalisten zugänglich war. Alles, was man für »indisch« hielt, wurde als »hinduistisch« interpretiert. Radikalere Hindus fordern heute, daß die Muslime sich der »Hindu-Kultur« unterzuordnen hätten. Der Kulturbegriff wurde dabei genauso aus Europa importiert wie der Nationenbegriff. Nationalistische Forderungen kamen im letzten Jahrhundert auf. Dabei wurde der Islam systematisch als unindisch ausgegrenzt. Rothermund erläutert: »Die Muslime reagierten immer empfindlicher auf diese Ideen und mißtrauten schließlich auch den universalistischen Tendenzen des Neo-Hinduismus. Selbst der wohlmeinende Hinweis auf die Gleichheit aller Religionen wurde für sie zur Bedrohung ihrer islamischen Identität. Es kam hinzu, daß nicht nur der Solidaritätstraditionalismus der Elite suspekt war, sondern populäre Solidaritätsbewegungen eindeutig gegen die Muslims gerichtet waren.«[185] Viele Hindus sind inzwischen der Ansicht, Indien sei im letzten Jahrtausend nicht nur durch die Briten kolonialisiert gewesen, sondern sie sehen auch im Mogulreich eine fremde Herrschaft. Die Muslime seien als Feinde und Eindringlinge gekommen. Sie verkennen dabei, daß erstens die indischen Muslime konvertierte Inder sind und daß zweitens Indien nie als einheitlicher Staat bestanden hat. Die Briten stellten historisch erstmals Indien unter eine einheitliche Verwaltung. Den indischen Staat gibt es erst seit 1947.

Zunächst kämpften Hindus und Muslime gemeinsam gegen die britische Unterdrückung. Aber im Laufe der Unabhängigkeitsbewegung polarisierten sich die Interessen immer mehr. Die Muslime gründeten 1906 als eigenständige Interessenvertretung die *Muslim League*. Zehn Jahre später schlossen sie mit dem 1885 gegründeten *Indian National Congress* einen Pakt, der die Grundlage einer neuen politischen Zusammenarbeit von Hindus und Muslimen sein sollte. Mohammed Ali Jinnah (1867–1948) wurde Sprecher der Muslime League, und er sah sich als Vermittler zwischen Hindus und Muslimen. Als aber die Rivalität zwischen dem Indian National Congress und der Muslim League größer wurde, wendete sich Jinnah vom Congress ab und erfand die sogenannte »Zwei-Nationen-Theorie«, die er auf der Sitzung der Muslim League in Lahore 1940 verkündete. Die indischen Muslime entwickelten immer mehr ein eigenes Nationalitätsbewußtsein, denn durch die Rückbesinnung der sich jetzt selbst als »Hindus« bezeichnenden Inder auf das vermeintlich »hinduistische« Kulturgut wurden die indischen Muslime immer stärker ausgegrenzt. Die »Zwei-Nationen-Theorie« besagt, daß »die Hindus und Muslime Indiens in jeder Hinsicht verschiedene Nationen seien, weil sie in Sprache, Kultur und Religion keine Gemeinsamkeiten hätten«.[186] Die Muslim League verabschiedete daraufhin »die berühmte ›Pakistan-Resolution‹, in der zwar noch nicht von Pakistan die Rede war, aber die Forderung nach Errichtung eines autonomen Muslim-Staates erhoben wurde, der kurz und bündig mit dem Namen ›Pakistan‹ bezeichnet wurde«[187]. Ali Jinnah konnte sich schließlich mit seiner »Zwei-Nationen-Theorie« durchsetzen. In der Nacht vom 14. auf den 15. August 1947 wurde Indien geteilt und die Unabhängigkeit verkündet: vor Mitternacht wurde die Islamische Republik Pakistan gegründet, nach Mitternacht die säkulare Bundesrepublik Bharat, d. i. der offizielle Name der Indischen Union, der vom Mahabharata abgeleitet ist.[188]

Diese künstliche Trennung, von den Briten zum Schluß ihrer Herrschaft am »grünen Tisch« ausgeführt, bewirkte die größte religiös motivierte Migration in der Geschichte der Menschheit: Hindus und Sikhs wanderten von Pakistan nach Bharat und Muslime von Bharat nach Pakistan. Insgesamt migrierten bis heute rund 26 Millionen Menschen, wobei es zu Mord und Todschlag kam.[189] Diese Migration kostete rund eine Million Menschen das Leben. Von den indischen Muslimen verblieb ein Drittel in Bharat in der Diaspora und bildet heute mit über hundert Millionen die größte religiöse Minderheit der Welt![190] Die anderen zwei Drittel leben je zur Hälfte in Pakistan und in Bangladesh. Als Folge der Teilung Indiens mußten auch die

Staatskasse und die Armee aufgeteilt werden, wobei es wieder zu Unruhen kam. Gandhi, obwohl er gegen die »Zwei-Nationen-Theorie« war, versuchte zu schlichten, was er – wie gesagt – mit dem Leben bezahlte, denn radikale Hindus schoben ihm dafür die Schuld in die Schuhe und waren der Meinung, daß man dem Feind nicht auch noch Geld geben müsse.

Der Konflikt zwischen Hinduismus und Islam hat den indischen Subkontinent in der zweiten Hälfte des 20. Jahrhunderts geprägt. Es gab drei Kriege zwischen Pakistan und Bharat, und es kam häufig zu regionalen Auseinandersetzungen zwischen Hindus und Muslimen. Hindus und Muslime machen sich immer wieder gegenseitig für alle möglichen Probleme verantwortlich. Das tägliche Zusammenleben jedoch verläuft friedlich. Der vorläufig letzte Höhepunkt in der Auseinandersetzung zwischen Hindus und Muslimen war am 6. Dezember 1992 erreicht, als eine halbe Million Hindus im nordindischen Städtchen Ayodhya eine Moschee niederriß, die 1528 unter der Mogulherrschaft Baburs gebaut worden war. Hindus glauben, daß an dieser Stelle Rama geboren sei, und die Muslime hätten damals einen Rama-Tempel zerstört, um die Babri-Moschee zu bauen. Nun wollten die Hindus den Rama-Tempel wieder errichten. Dieser Akt wurde in den Medien als »Fundamentalismus« bezeichnet.[191] – Ist der Hinduismus fundamentalistisch?

»Ist das überhaupt eine sinnvolle Frage? Gibt es Religionen, die an sich fundamentalistisch sind? Oder ist nicht vielmehr Fundamentalismus ein Phänomen, das in verschiedenen Religionen auftreten kann?« – entgegnet Heinz Halm der Frage, ob der Islam fundamentalistisch sei.[192] – Was ist überhaupt Fundamentalismus?

Der Begriff »Fundamentalismus« geht auf eine streng konservative Bewegung innerhalb des christlichen Protestantismus in den USA zurück, die auf wörtlicher Bibelexegese beharrte und daher beispielsweise die Evolutionstheorie ablehnte. Als Reaktion auf Modernisierung und Säkularisierung wurde eine Schriftenreihe unter dem Titel *The Fundamentals: A Testimonium of the Truth* (1910–1915) veröffentlicht. »Fundamentalismus« wird in den zwanziger Jahren zur Selbstbezeichnung dieser Bewegung. Seit den achtziger Jahren verwenden Journalisten gerne den Fundamentalismusbegriff zuerst in bezug auf die Revolution des Ayatollah Khomeini im Iran 1979 und deren Folgen, dann in bezug auf die unterschiedlichsten religiösen Gruppierungen. Der Begriff wird damit zur Sammelbezeichnung für antimoderne Gruppierungen innerhalb von Religionen, die die Verwestlichung ihrer Gesellschaft zugunsten ihrer eigenen religiösen Werte und Normen ablehnen – zum Teil eben auch unter Anwendung von Gewalt. Antes nennt daher Fundamentalismus einen »Begriff ohne konkretes theoretisches Konzept«, der von Journalisten verwendet wurde und erst danach in die Wissenschaftssprache übergegangen ist: »Die internationale Vernetzung im Informationssystem der einen Welt hat ihrerseits bewirkt, daß die ursprüngliche *Fremdbezeichnung* sehr rasch von den so bezeichneten Gruppen als *Eigenbezeichnung* übernommen wurde, ein Vorgang, der religionsgeschichtlich am ehesten mit dem der Einführung des Sammelbegriffs *Hinduismus* verglichen werden kann.«[193]

Alle als »fundamentalistisch« stigmatisierten Gruppierungen können durch den journalistischen Gebrauch des Wortes erkennen, daß sie gemeinsam zu einem Gesamttrend der religiösen Entwicklung gehören. Die ursprüngliche Fremdbezeichnung *(Fremdreferenz)* wird dann von diesen Gruppierungen übernommen und damit zur Selbstbezeichnung *(Selbstreferenz)*. Dadurch differenziert sich auch der Fundamentalismus zu einem autopoietischen System aus, wie dies beim Hinduismus tatsächlich schon geschehen ist. Man muß also hier wieder zwischen Selbstreferenz und Fremdreferenz unterscheiden.

Leicht wird übersehen, daß die Moderne in Europa entstanden ist und der Zweiten, Dritten und Vierten Welt gewaltsam von den europäischen Kolonialherren aufgezwungen wurde. Wenn die Kolonialisierten sich jetzt auf ihre eigene Kultur besinnen – oder genauer: ihre eigene Kultur trotz Modernisierung und Verwestlichung wenigstens zum Teil beibehalten wollen –, dann erblickt der Westen, der sich vornehm als Erste Welt tituliert, darin eine Bedrohung. Gingen die Linksintellektuellen vom völligen Verschwinden der Religion in der Moderne aus, zeigte sich spätestens seit den achtziger Jahren, daß dies unzutreffend ist. Seitdem wird jedes Festhalten an religiöser Tradition als »Fundamentalismus« stigmatisiert und mit Gewalt und Terrorismus in Verbindung gebracht. Auch im Postkolonialismus erhebt der Westen noch den Anspruch auf Hegemonie.[194]

Das Konzept der »offenen Gesellschaft«, das Karl R. Popper ausgearbeitet hat und das sich weitgehend mit dem Selbstverständnis westlicher Demokratien deckt, hat einen erheblichen Anteil am Entstehen des Fundamentalismus.[195] Rombach hat auf die engen Grenzen von Poppers Gesellschaftstheorie aufmerksam gemacht: die »offene« Gesellschaft glaubt von sich, letztlich auch die tolerante Gesellschaft zu sein. Die »offene« Gesellschaft jedoch ist nicht und kann auch gar nicht offen sein gegenüber Ansichten, »die von der offenen Gesellschaft gerade im Sinne ihrer Offenheit niemals geduldet werden können«.[196] Im strengen Sinn gibt es also gar keine offene Gesellschaft, sondern nur eine, die sich zwar für eine solche hält, in Wirklichkeit jedoch für andere Lebensauffassungen als die ihre »geschlossen« und d.h. intolerant ist. Bei Rombach heißt es wörtlich: »Von einer ›offenen Gesellschaft‹ kann darum nur jemand sprechen, der in einer *unbewußt* geschlossenen Gesellschaft lebt und aufgrund seiner Lebenspraxis nie auf den Gedanken oder gar die Realität gestoßen ist, daß Grundauffassungen möglich sind, die sich in keiner Weise in einer gefahrlosen universalen Toleranz mediatisieren lassen. Es ergibt sich also, daß die Theorie der ›offenen Gesellschaft‹ nur der Versuch eines Selbstbetruges ist, mit dem sich eine faktisch ›geschlossene‹, geschlossenbleibenwollende Gesellschaft ihre Geschlossenheit verschleiert und verbirgt, und ›Offenheit‹ nur vortäuscht. Die schlimmste ›Geschlossenheit‹ ist aber diejenige, die sich aufgrund eines Selbstbetrugs für eine ›Offenheit‹ hält.«[197] – Auch hier gilt, was Rombach schon an anderer Stelle gesagt hat, nämlich daß man jeden Menschen am besten an seinen Feindbildern erkennen kann; und noch deutlicher: »Je mehr man aber das ›Böse‹ bekämpft, um so schärfer arbeitet es sich heraus; der Kampf gegen das Böse ist identisch mit der Hervorbringung des Bösen.«[198]

Der Fundamentalismus findet seinen gemeinsamen Nenner durch die Ablehnung der Moderne und in der Ablehnung der Moderne. Die moderne Gesellschaft beschreibt sich selbst über ein zeitliches Differenzschema: sie ist modern, alle anderen Gesellschaften gelten ihr als antiquiert und veraltet – eben unmodern. Dadurch definiert sich die moderne Gesellschaft nicht über Identifikation, sondern über Desidentifikation, über Differenz, wie Luhmann beobachtet hat: »Ob wir wollen oder nicht: wir sind nicht mehr, was wir waren, und wir werden nicht mehr sein, was wir sind. Das ruiniert dann alle Merkmale der Modernität, denn auch für sie gilt: Die Modernitätsmerkmale von heute sind nicht die von gestern und auch nicht die von morgen, und eben darin liegt ihre Modernität. Die Probleme der modernen Gesellschaft werden nicht als Probleme der Bewahrung von Herkunft bestimmt – weder in der Erziehung, noch sonstwo. Es geht vielmehr um ein ständiges Erzeugen von Anderssein. Dann braucht man aber Kriterien dieses durch die Nichtidentität noch nicht bestimmten Andersseins.«[199]

Mit dem Code antiqui/moderni versuchte zunächst die moderne Gesellschaft sich abzugrenzen von der Antike und dem Mittelalter. Mit anderen Worten: Die Selbstbeschreibung der Gesellschaft, die sich selbst als modern bezeichnet, läuft über ein Zeitschema. Dadurch setzt sie sich aber der Gefahr aus, morgen schon von gestern zu sein und selbst als antiquiert und unmodern zu gelten. Das führt zu einer immer schneller werdenden Modernisierung. Während sich die konservative Haltung durch Bewahren (lat. *conservare*) Sicherheiten verschafft, sorgt die progressive Haltung durch Vorwärtsschreiten (lat. *progredi*) zunehmend für Unsicherheiten, denn je schneller sie vorangeht, um so schneller muß sie vorangehen, damit sie die Differenz ihrer Selbstbeschreibung aufrecht erhalten kann. Odo Marquard hat in diesem Zusammenhang von der *tachogenen Weltfremdheit* gesprochen, die aus »der beschleunigten Schnelligkeit (auf griechisch: to táchos) des modernen Wirklichkeitswandels« resultiere.[200] Beschleunigte Erfahrungsveraltung sei ein Merkmal der tachogenen Weltfremdheit.

Es gibt also zwei idealtypische Interpretationen, wie man sich gegenüber der immer schneller werdenden Modernisierung verhalten kann: affirmativ (Fortschrittsglaube) oder negativ (Verfallsglaube). In der vormodernen Gesellschaft galt das Alte per se als gut. Das, was die Väter und Vorväter für gut und richtig befunden und getan haben, wurde auch weiterhin für gut und richtig befunden und getan, *weil* es eben die Väter und Vorväter so gehalten haben. Man orientiert sich an Tradition, Sitte und Brauchtum (griech. *Éthos*) und handelt aus Gewohnheit. In der Moderne schlägt diese Ansicht um in ihr Gegenteil: das Alte gilt nicht mehr als gut, weil es alt ist; sondern das Alte gilt nun als schlecht, *weil* es alt ist. Man blickt jetzt erwartungsvoll in die Zukunft, denn nur von dort erwartet man Gutes. Das Neue gilt als gut, *weil* es neu ist. Mit Innovation und Fortschritt versucht die moderne Gesellschaft ihre Probleme zu lösen. Die vormoderne Gesellschaft dagegen versucht dies durch Rückgriff auf Tradition und Brauchtum zu tun. Diese beiden Verhaltensweisen gegenüber der Modernisierung charakterisiert Marquard als »Utopien« (Fortschrittsglaube) und »Apokalypsen« (Verfallsglaube):

Der *Fortschrittsglaube* charakterisiert die Utopien; d. i. der Gedanke »der Selbststeigerung oder gar Selbstvollendung der Menschheit: alles wird immer schneller immer besser und womöglich gar alsbald am Ende wirklich gut«, formuliert Marquard.[201] Das Grundschema dabei ist, daß das Frühere überboten wird durch das Spätere, das Primitive durch das Entwickelte, das zum Erzeugen von Andersheit führt.

Der *Verfallsglaube* charakterisiert die Apokalypsen; d. i. der Gedanke »der Selbstzerstörung oder gar Selbstvernichtung der Menschheit: alles wird immer schneller immer schlimmer und womöglich gar alsbald am Ende wirklich tödlich«, so Marquard weiter.[202] Das Grundschema dabei bleibt das gleiche, nur daß eine Umwertung ins Gegenteil stattfindet, die zum Bewahren von Herkunft (Tradition) führt.

Die Moderne (»unsere Zeit«) charakterisiert Marquard als »das Zeitalter der Wechselwirtschaft zwischen Utopien und Apokalypsen, zwischen Diesseitserlösungs-Enthusiasmus und Katastrophengewißheit, zwischen den Naherwartungen einerseits des Himmels auf Erden, andererseits der Hölle auf Erden, und jedenfalls zwischen – überemphatischen – Fortschrittsphilosophien und Verfallsphilosophien«.[203] Der Fortschrittsglaube ist die der Moderne eigentümliche Interpretationsrichtung der Geschichte. Trotzdem findet in der modernen Gesellschaft ein Oszillieren zwischen dem Fortschrittsglauben und dem Verfallsglauben statt. Dadurch läßt sich jetzt das Phänomen »Fundamentalismus« auch inhaltlich bestimmen: Fundamentalismus proklamiert – dem Fortschrittsglauben zum trotz – den Verfallsglauben.

Bisher wurde unter Fundamentalismus beispielsweise »Aufstand gegen die Moderne«[204], »Flucht ins Radikale«[205] oder »radikaler Patriarchalismus«[206] verstanden. Fundamentalismus kann nun als Reaktionen auf die zunehmende Modernisierung aufgefaßt werden, die sich gegen den Prozeß der Ausdifferenzierung wendet – speziell gegen die Trennung von Religion und Politik. Fundamentalismus ist insofern eine Reaktion auf die Moderne, weil Fundamentalisten den Fortschrittsglauben der Moderne nicht teilen, sondern dem Verfallsglauben anhängen, also davon ausgehen, daß früher alles besser war und jetzt alles immer schlechter wird. Der Begriff ist insofern treffend gewählt, als er das Festhalten am kulturellen *Fundament* bezeichnet – nichts anderes als eine (wert-)konservative Einstellung. Fundamentalismus ist unmodern, weil das Charakteristikum der Moderne, sich über eine Zeitdifferenz mit Hilfe des Codes modern/traditionell von der Vergangenheit abzugrenzen, gerade hier abgelehnt wird: Fundamentalismus definiert sich durch die Identität mit der Vergangenheit und betont Tradition, Sitte und Brauchtum – eben das, was griechisch *Éthos* heißt. Das Differenzverhältnis zur Moderne besteht dann darin, daß man Modernisierung als unethisch verwirft: Modernisierung ist in dieser Perspektive Dekadenz von Éthos – Sittenverfall.

Westernization wird von einigen Hindus als Dekadenz, also als sittlicher Verfall und kultureller Niedergang bewertet. Wenn man mit dem Verfallsglauben operiert, bedeutet »Modernisierung«, daß das, was einem wertvoll und daher bewahrenswert erscheint, verdrängt wird durch Neues und wieder Neues. Der europäische Imperialismus bewirkte nicht nur in Indien eine Entfernung von der eigenen Kultur. Bis heute ist dort der europäische Einfluß spürbar, und Europa wie Nordamerika werden von vielen in fast allen Bereichen imitiert. Darin wird dann von den sogenannten Fundamentalisten das Ende ihrer kulturellen

Eigenständigkeit gesehen, und sie beginnen sich gegen den europäischen Einfluß zu wehren. Indien aber ist nur ein Land in der Dritten Welt, das sich in diesem Spannungsverhältnis zwischen Tradition und Moderne befindet.

Unterscheidet man auch für Indien präzise zwischen Selbstreferenz und Fremdreferenz, kann man bei der Frage, ob es Fundamentalismus in Indien gebe, feststellen, daß die Inder selbst bisher nicht von Fundamentalismus sprechen. Anstatt Fundamentalismus gegen Modernismus auszuspielen, ist in Indien selbst referentiell schon seit längerer Zeit die Unterscheidung zwischen *Säkularismus und Kommunalismus* üblich.[207] Der Begriff »Kommunalismus« findet sich nur im asiatischen Englisch und bezeichnet die Bestrebungen von (Religions-)Gemeinschaften nach Hegemonie. Die gesamtindische Kulturtradition war ein Konstrukt der sich nun als hinduistisch begreifenden Reformer, und diese Rückbesinnung auf die vermeintlich hinduistische Tradition, der Traditionalismus, grenzte zugleich alle indischen Muslime aus: »Der Traditionalismus führte zwangsläufig zum Kommunalismus, wie man in Indien den Religionsgemeinschaftsgeist nannte. Die indischen Muslims wurden doppelt auf einen solchen Kommunalismus verwiesen, einerseits durch den Hindu-Traditionalismus, der ihnen vor Augen führte, daß sie keine gemeinsame Geschichte mit den Hindus hatten, und sie dazu anregte, um so mehr an die einstige Größe islamischer Herrschaft zu denken, andererseits durch den an sich durchaus liberalen und säkularen Konstitutionalismus, der für sie jedoch bedeutete, daß sie das Los einer Minderheit akzeptieren mußten, der die demokratische Majorisierung durch die Hindu-Mehrheit unausweichlich drohte.«[208] Kommunalismus bedeutet die Rückbesinnung auf die eigene Tradition und lehnt Verwestlichung ab.

»Säkularismus« dagegen bezeichnet in Indien die Lebenseinstellung für den verweltlichten Nationalstaat nach westlichem

Muster, in dem Religion und Politik weitgehend ausdifferenziert sind und zwei Subsysteme der indischen Gesellschaft bilden. Der indische Säkularismus orientiert sich an den rationalistischen Idealen der Moderne wie Aufklärung, Wissenschaft, Technik und Fortschritt: man strebt eine Verwestlichung an. Auch hier ist der Fortschrittsglaube das entscheidende Kriterium, denn man glaubt, alle Probleme Indiens in der Zukunft durch wissenschaftlichen und technischen Fortschritt lösen zu können. Im Gegensatz dazu arbeitet der Kommunalismus mit dem Verfallsglauben, der besagt, daß früher vieles besser war und dieses auch bewahrt werden müsse. Alle Probleme der Moderne, glaubt der Kommunalismus, lassen sich durch Rückgriff auf die Vergangenheit lösen bzw. sind erst durch Modernisierung und Verwestlichung entstanden. Um die eigene Identität zu bewahren, wird auf den Hinduismus und alles, was darunter nun subsummiert werden kann, zurückgegriffen.

Salman Rushdie hält den Kommunalismus allerdings für die »Politik des religiösen Hasses«.[209] Bereits 1987 schrieb er: »Das neue Element im indischen Kommunalismus ist die Entwicklung eines kollektiven Hindubewußtseins, das über alle Klassenschranken hinausgeht und die Überzeugung nährt, der Hinduismus werde von anderen indischen Minderheiten bedroht.«[210] In seinem letzten Roman *The Moor's Last Sigh* hat Rushdie die kleinste Minderheit konstruiert, die er sich vorstellen kann, weil seiner Meinung nach zur Zeit in Indien eine Kampagne gegen Minderheiten geführt werde.[211] Die Hindu-Mehrheit sei bestrebt, »die indische Kultur als ausschließlich hinduistisch zu definieren und alles andere als im Grunde unindisch abzustempeln«, und er weigere sich, dieses hinduistische Mehrheitsmonopol auf die indische Kultur zu akzeptieren.[212]

Das weitverbreitete Vorurteil, daß der Hinduismus von allen Religionen die toleranteste sei, hatte schon Paul Hacker aufgedeckt und stattdessen von »Inklusivismus« gesprochen.[213] Damit meinte er vor allem die Tendenz des Neohinduismus, das religiös Fremde der eigenen Tradition unterzuordnen. Bei dem Maß an Ausdifferenzierung, das der Hinduismus in den neunziger Jahren des 20. Jahrhunderts erreicht hat, muß jetzt treffender von *Exklusivismus* gesprochen werden: Systeme existieren ja gerade dadurch, daß sie sich aus ihrer Umwelt ausgrenzen – durch Exklusivität. Solange sich der Hinduismus aber als System gebiert, wird sich an diesem Zustand nichts ändern.[214]

Anhang

Anmerkungen

1 Vgl. Peter Antes, »Religion« einmal anders, in: Temenos, Bd. 14, 1978, S. 184–197 (insbes. »Religion« auf Sanskrit, S. 192–194).

2 Heinrich von Stietencron, Hinduismus, in: Theologische Realenzyklopädie, Bd. 15, Berlin/New York 1981, S. 346–355, hier S. 346. Als »Religionen des Hinduismus« nennt von Stietencron etwa die polytheistische vedische Religion, den monotheistischen Vishnuismus, den teils monotheistischen, teils dualistischen Shivaismus, den dualistischen Shaktismus, allerlei Kulte, den monistischen Advaita-Vedanta, die Religion der Sikhs und die Stammesreligionen.

3 Siehe dazu auch Günther D. Sontheimer/Hermann Kulke (Hg.), Hinduism Reconsidered, Delhi 1989 – insbesondere darin die Aufsätze von von Stietencron und R. E. Frykenberg.

4 Heinrich von Stietencron, Hinduistische Perspektiven, in: Hans Küng/Josef van Ess/ Heinrich von Stietencron/Heinz Bechert, Christentum und Weltreligionen: Hinführung zum Dialog mit Islam, Hinduismus und Buddhismus, München 1984, S. 213 f.

5 Vgl. Peter Schreiner, Begegnung mit dem Hinduismus: Eine Einführung, Freiburg/Br. 1984, S. 11. Man mag einwenden, daß auch der »Buddhismus« eine europäische Wortschöpfung sei; aber die Buddhisten haben einen gemeinsamen Bezugspunkt: Buddha!

6 Vgl. ders., Das richtige Verhalten des Menschen im Hinduismus, in: Peter Antes u. a., Ethik in nichtchristlichen Kulturen, Stuttgart/Berlin/Köln/Mainz 1984, S. 82–113, hier S. 82.

7 Etymologisches Wörterbuch des Deutschen, erarb. von einem Autorenkollektiv des Zentralinstituts für Sprachwissenschaft unter Leitung von Wolfgang Pfeifer, Berlin 1989, S. 1409; vgl. dazu auch den Überblick von Peter Antes, Religion in den Theorien der Religionswissenschaft, in: Walter Kern/Hermann J. Pottmeyer/Max Seckler, Handbuch der Fundamentaltheologie 1: Traktat Religion, Freiburg/Br. 1985, S. 34–56.

8 Antes schreibt dazu: »Der Christ Laktanz sucht eine Worterklärung für Religion, die die Beziehung zu Gott als Wesenselement festschreibt. Der Römer Cicero dagegen kennt Religion als sorgfältiges Einhalten von Vorschriften, eben als ›relegere‹; so bedient er sich der ihm gemäßen Ableitung.« (Antes, »Religion« einmal anders, a.a.O., S. 188).

9 Zur Geschichte des Begriffs vgl. Ernst Feil, Religio: Die Geschichte eines neuzeitlichen Grundbegriffs vom Frühchristentum bis zur Reformation, Göttingen 1986.

10 Dies gipfelte in dem berühmten Satz: »Die Religion ist der Seufzer der bedrängten Kreatur, das Gemüt einer herzlosen Welt, wie sie der Geist geistloser Zustände ist. Sie ist das Opium des Volkes.« (Karl Marx, Kritik der Hegelschen Rechtsphilosophie: Einleitung (1844), in: Marx-Engels-Werke, Bd. 1, S. 378–391, hier S. 378).

11 Emile Durkheim, Die elementaren Formen des religiösen Lebens, Frankfurt/M. 1981, S. 28.

12 Ebenda, S. 60. Durkheim kommt dann zu folgender Definition: »Eine Religion ist ein solidarisches System von Überzeugungen und Praktiken, die sich auf heilige, d. h. abgesonderte und verbotene Dinge, Überzeugungen und Praktiken beziehen, die in einer und derselben moralischen Gemeinschaft, die man Kirche nennt, alle vereinen, die ihr angehören.« (S. 75).

13 »Religion ist das Verhältnis des Menschen zur Gottheit; entscheidend ist dabei nicht seine gedankliche Einstellung, sondern ein praktisches Verhältnis zur übersinnlichen Macht, von der er sich abhängig weiß, eine gleichsam nach letzten Tiefen hin geöffnete Haltung des ganzen Menschen (Frömmigkeit).« (Der Große Brockhaus: Handbuch des Wissens in zwanzig Bänden, 15. neubearb. Aufl. von Brockhaus' Konversations-Lexikon, 15. Bd.: Pos-Rob, Leipzig 1933, S. 591).

14 Gustav Mensching, Die Religion: Erscheinungsformen, Strukturtypen und Lebensgesetze, Stuttgart 1959, S. 18 f.

15 Im Anschluß daran definiert der populäre Theologe Hans Küng noch heute: »Religion ist die *in einer Tradition und Gemeinschaft sich lebendig vollziehende* (in Lehre, Ethos und meist auch in Ritus) *sozial-individuell realisierte Beziehung zu etwas, was den Menschen und seine Welt übersteigt oder umgreift:* zu einer wie immer zu verstehenden allerletzten wahren Wirklichkeit (das Absolute, Gott, Nirvana). Im

Unterschied zur Philosophie geht es in der Religion um *Heilsbotschaft* und *Heilsweg* zugleich.« (Hans Küng, Zum Dialog, in: Küng/Ess/Stietencron/Bechert, Christentum und Weltreligionen, a.a.O., S. 19.) – Wissenschaftlich läßt sich aber die allerletzte wahre Wirklichkeit, das Heilige, nicht untersuchen: es ist unmöglich, über das Absolute, Gott oder Nirvana eine überprüfbare Aussage zu machen.

16 Niklas Luhmann, Soziale Systeme: Grundriß einer allgemeinen Theorie, Frankfurt/M. 1984, S. 249. Einen ersten Überblick über diese Theorie bietet Walter Reese-Schäfer, Luhmann zur Einführung, 2. Aufl., Hamburg 1996.

17 Luhmann schreibt ausdrücklich: »Die Theorie selbstreferentieller Systeme behauptet, daß eine Ausdifferenzierung von Systemen nur durch Selbstreferenz zustandekommen kann, das heißt dadurch, daß die Systeme in der Konstitution ihrer Elemente und ihrer elementaren Operationen auf sich selbst (sei es auf Elemente desselben Systems, sei es auf Operationen desselben Systems, sei es auf die Einheit desselben Systems) Bezug nehmen. Systeme müssen, um dies zu ermöglichen, eine Beschreibung ihres Selbst erzeugen und benutzen; sie müssen mindestens die Differenz von System und Umwelt systemintern als Orientierung und als Prinzip der Erzeugung von Informationen verwenden können.« (Luhmann, Soziale Systeme, a.a.O., S. 25).

18 Vgl. dazu Peter Antes, Struktur oder Strukturierung von Religion? Zur Zielsetzung religionssystematischer Forschung, in: Holger Preißler/Hubert Seiwert (Hg.), Gnosisforschung und Religionsgeschichte: Festschrift für Kurt Rudolph zum 65. Geburtstag, Marburg 1994, S. 357–365.

19 Die zunächst von Edmund Husserl entwickelte transzendentale Phänomenologie untersucht das Phänomen als Bewußtseinsinhalt und geht damit über die prinzipielle Fallibilität der empirischen Wahrnehmung hinaus, die seit Descartes und vor allem bei Kant die Philosophie bestimmt hat. Weiterentwickelt wurde die Phänomenologie von Martin Heidegger, der keine Transzendentalphilosophie mehr betreibt und die sich ahistorisch verstehende Phänomenologie Husserls in den geschichtlichen Kontext zurückversetzt. Der Methodenbegriff *Phänomenologie* »charakterisiert nicht das sachhaltige Was der Gegenstände der philosophischen Forschung, sondern das

Wie dieser«, schreibt Martin Heidegger (Sein und Zeit, 16. Aufl., Tübingen 1986, S. 27). Der Ausdruck »Phänomenologie« hat zwei Bestandteile: »Phänomen« und »Logos«. Den Begriff »Phänomen« übersetzt Heidegger mit »das Sich-an-ihm-selbst-zeigende« als den phänomenologischen Phänomenbegriff im Gegensatz zum vulgären Phänomenbegriff (»Erscheinung«) und den Begriff »logos« (wörtl. »Wort«, »Rede«) als »aufweisendes Sehenlassen«. Nach Heidegger bedeutet »Phänomenologie«: »Das was sich zeigt, so wie es sich von ihm selbst her zeigt, von ihm selbst her sehen lassen.« (Ebenda, S. 34).

20 Heinrich Rombach, Phänomenologie des sozialen Lebens: Grundzüge einer Phänomenologischen Soziologie, Freiburg/München 1994, S. 13.

21 Vgl. Heinrich Rombach, Das Tao der Phänomenologie, in: Philosophisches Jahrbuch, 98. Jg., 1991, S. 1–15; ders., Phänomenologie des gegenwärtigen Bewußtseins, Freiburg/München 1980; ders., Strukturontologie: Eine Phänomenologie der Freiheit, Freiburg/München 1971, 2. Aufl.: 1988.

22 Luhmann, Soziale Systeme, a.a.O., S. 54.

23 Hans van der Loo/Willem van Reijen, Modernisierung: Projekt und Paradox, München 1992, S. 11.

24 Niklas Luhmann, Die Funktion der Religion, Frankfurt/M. 1977, S. 229; siehe dazu auch ders., Soziologische Aufklärung 4: Beiträge zur funktionalen Differenzierung der Gesellschaft, Opladen 1987; ders., Die Religion der Gesellschaft (unveröffentlichtes Manuskript), Bielefeld 1995.

25 Vgl. Niklas Luhmann, Gesellschaftsstruktur und Semantik: Studien zur Wissenssoziologie der modernen Gesellschaft, 4 Bände, Frankfurt/M. 1980, 1981, 1989 und 1995, hier Bd. 1, S. 72.

26 Vgl. dazu M.N. Srinivas, Social Change in Modern India, Berkeley/Los Angeles 1966; Yogendra Singh, Modernization of Indian Tradition: A Systemic Study of Social Change, Jaipur 1986; Dhirendra K. Vajpeyi, Modernization and Social Change in India, Delhi 1979.

27 Lübbe definiert: »›Säkularisieren‹ heißt der Entzug oder die Entlassung einer Sache, eines Territoriums oder einer Institution aus kirchlicher Observanz und Herrschaft.« (Hermann Lübbe, Säkula-

risierung: Geschichte eines ideenpolitischen Begriffs, Freiburg/München 1965, 2. Aufl.: 1975, S. 23); als Überblick empfiehlt sich auch Werner Conze/Hermann Zabel, Säkularisation, Säkularisierung, in: Otto Brunner/Werner Conze/Reinhard Koselleck (Hg.), Geschichtliche Grundbegriffe: Historisches Lexikon zur politisch-sozialen Sprache in Deutschland, Bd. 5., Stuttgart 1984, S. 789–829.

28 Lübbe, Säkularisierung, a.a.O., S. 57.

29 Peter L. Berger, Zur Dialektik von Religion und Gesellschaft: Elemente einer soziologischen Theorie, Frankfurt/M. 1973, S. 103.

30 So z. B. Hubert Seiwert, »Religiöse Bedeutung« als wissenschaftliche Kategorie, in: The Annual Review of the Social Sciences of Religion, Bd. 5, 1981, S. 57–99, hier S. 59.

31 Luhmann, Die Funktion der Religion, a.a.O., S. 232.

32 Ebenda, S. 232.

33 Niklas Luhmann, Die Ausdifferenzierung der Religion, in: ders., Gesellschaftsstruktur und Semantik: Studien zur Wissenssoziologie der modernen Gesellschaft, Bd. 3, Frankfurt/M. 1989, S. 259–357, hier S. 262.

34 Luhmann, Die Funktion der Religion, a.a.O., S. 227.

35 Jakob und Wilhelm Grimm, Deutsches Wörterbuch, 8. Bd., Leipzig 1893, Sp. 801.

36 Salman Rushdie, Harun und das Meer der Geschichten, München 1991, S. 67.

37 Hans G. Kippenberg, Diskursive Religionswissenschaft: Gedanken zu einer Religionswissenschaft, die weder auf einer allgemein gültigen Definition von Religion noch auf einer Überlegenheit von Wissenschaft basiert, in: Burkhard Gladigow/Hans G. Kippenberg (Hg.), Neue Ansätze in der Religionswissenschaft, München 1983, S. 9–28, hier S. 13.

38 Wie durch Hermann Oldenberg, Die Religionen des Veda, Berlin 1894.

39 Luhmann, Die Ausdifferenzierung der Religion, a.a.O., S. 259.

40 Helmuth von Glasenapp, Der Hinduismus: Religion und Gesellschaft im heutigen Indien, München 1922, S. IX.

41 Schreiner, Begegnung mit dem Hinduismus, a.a.O., S. 74.

42 Vgl. Arvind Sharma, What is Hinduism? A Sociological Approach, in: Social Compass, Bd. XXXIII/2–3, 1986, S. 177–183.

43 Peter Antes, Die Botschaft fremder Religionen: Hinduismus, Buddhismus, Islam, Mainz 1981, S. 14.

44 Zit. nach Schreiner, Begegnung mit dem Hinduismus, a.a.O., S. 20 (übers. nach M.K. Gandhi, Collected Works, Bd. 19, S. 327; Äußerung vom 6. 2. 1921).

45 Ebenda, S. 28.

46 Rombach, Strukturontologie, a.a.O., S. 12.

47 Ders., Der Ursprung: Philosophie der Konkreativität von Mensch und Natur, Freiburg/Br. 1994, S. 179.

48 Siehe zu den vedischen Göttern ausführlich Jan Gonda, Die Religionen Indiens: I. Veda und älterer Hinduismus (= Die Religionen der Menschheit, Bd. 11), 2. überarb. u. erg. Aufl., Stuttgart 1978, S. 48–103.

49 Gedichte aus dem Rig-Veda, aus dem Sanskrit übertragen und erläutert von Paul Thieme, Stuttgart 1964, S. 65.

50 Ebenda, S. 66f.; vgl. dazu auch Ram Adhar Mall, Indische Schöpfungsmythen: Eine Einführung, Bonn 1982.

51 Karl Jaspers, Vom Ursprung und Ziel der Geschichte, München 1949, S. 19.

52 Ebenda, S. 20.

53 Ebenda, S. 22.

54 Ebenda, S. 20 f.

55 Mircea Eliade, Geschichte der religiösen Ideen, Bd. 1: Von der Steinzeit bis zu den Mysterien von Eleusis, Freiburg/Br. 1993, S. 222.

56 Vgl. Jaspers, Vom Ursprung und Ziel der Geschichte, a.a.O., S. 20.

57 Vgl. Upanishaden: Die Geheimlehre der Inder, München 1977, S. 42; sowie Upanischaden: Ausgewählte Stücke, Stuttgart 1966, S. 18.

58 Upanishaden, a.a.O., S. 99; vgl. Upanischaden, a.a.O., S. 39f.

59 Nach Upanishaden, a.a.O., S. 116 f.; sowie Upanischaden, a.a.O., S. 52 f.

60 Siehe dazu Carl-Friedrich Geyer, Die Vorsokratiker zur Einführung, Hamburg 1995.

61 Upanischaden, a.a.O., S. 24.

62 Siehe G.W. F. Hegel, Wissenschaft der Logik: Die Lehre vom Sein (1832), Hamburg 1990, S. 71 f.

63 Ebenda, S. 89.

64 Upanishaden, a.a.O., S. 99.

65 Ebenda, S. 99.

66 Heinrich Rombach, Strukturanthropologie: »Der menschliche Mensch«, Freiburg/München 1987, 2. Aufl.: 1993, S. 20f.

67 Ebenda, S. 21.

68 Vgl. Peter Antes, Lebt der Mensch nur einmal? Ein Vergleich der hinduistisch-buddhistischen Vorstellungen mit den westlichen, in: Religion heute: Informationen zum Religionsunterricht, 8. Jg., 1976, Heft 1, S. 23–28.

69 Zit. nach Glasenapp, Der Hinduismus, a.a.O., S. 240.

70 Zit. nach Bhagavad-Gita: Wege und Weisungen, übers. und eingeleitet von Peter Schreiner, Zürich 1991, S. 59; alle weiteren Bhagavadgita-Zitate hieraus.

71 Ebenda, S. 60.

72 Vgl. für die ethischen Folgen dieser Vorstellung Heinrich von Stietencron, Moral im zyklischen Denken: Die Auswirkung der Wiedergeburtslehre auf soziale Werte und Normen, in: Burkhard Gladigow (Hg.), Religion und Moral, Düsseldorf 1976, S. 118–135.

73 Sudhir Kakar, Kindheit und Gesellschaft in Indien: Eine psychoanalytische Studie, Frankfurt/M. 1988, S. 26.

74 Helmuth von Glasenapp, Die Philosophie der Inder: Eine Einführung in ihre Geschichte und ihre Lehren, 4. Aufl., Stuttgart 1985, S. 12.

75 Ebenda, S. 47.

76 R.K. Narayan, Kasten: alt und neu, in: Dieter Riemenschneider (Hg.), Shiva tanzt: Das Indien-Lesebuch, 2. Aufl., Zürich 1987, S. 79–81; hier S. 79f.

77 Peter Schreiner, Einleitung, in: Bhagavad-Gita, a.a.O., S. 26.

78 B. Kuppuswamy, Das Kastensystem, in: Riemenschneider, Shiva tanzt, a.a.O., S. 71–77; hier S. 74.

79 Bhagavad-Gita, a.a.O., S. 133.

80 Detlef Kantowsky, Bilder und Briefe aus einem indischen Dorf: Rameshvar 1965–1985, Frankfurt/M./New York 1986, S. 41.

81 Bhagavad-Gita, a.a.O., S. 132f.

82 Dietmar Rothermund, Staat und Gesellschaft in Indien, Mannheim/Leipzig/Wien/Zürich 1993, S. 67.

83 Schreiner, Begegnung mit dem Hinduismus, a.a.O., S. 21f.

84 Glasenapp, Der Hinduismus, a.a.O., S. 255.

85 Die verbreitetste Rückdatierung der Lebenszeit Buddhas (etwa 560–480 v. Chr.) folgt einer ceylonesischen Chronik, wonach der bedeutende Herrscher Ashoka genau 218 Jahre nach dem Tod Buddhas die Königsweihe erhalten haben soll. Diese Datierung ist aber wissenschaftlich umstritten. Vgl. dazu Heinz Bechert, Die Lebenszeit des Buddha – das älteste Datum der indischen Geschichte?, Göttingen 1986 (Nachrichten der Akademie der Wissenschaften in Göttingen: I. Philologisch-historische Klasse, Nr. 4).

86 Damit ist Buddha ein früher Strukturdenker Indiens im Sinne von Rombach. Vgl. dazu Shizuteru Ueda, Phänomenologie des Selbst in der Perspektive des Zen-Buddhismus, in: Georg Stenger/Margarete Röhrig (Hg.), Philosophie der Struktur – Fahrzeug der Zukunft?. Für Heinrich Rombach, Freiburg/München 1995, S. 19–42; und für das apokryphe Strukturdenken in Europa Heinrich Rombach, Substanz System Struktur: Die Ontologie des Funktionalismus und der philosophische Hintergrund der modernen Wissenschaft, 2 Bde., Freiburg/München 1965/66, 2. Aufl.: 1981.

87 Helmuth von Glasenapp, Pfad zur Erleuchtung: Das Kleine, das Große und das Diamant-Fahrzeug, Köln 1983, S. 74.

88 Sarvepalli Radhakrishnan, Indische Philosophie Bd. I: Von den Veden bis zum Buddhismus, Darmstadt/Baden-Baden/Genf 1955, S. 313 f.

89 Von der fast einen Milliarde Inder heute sind nur 0,7 % Buddhisten, 80,3 % Hindus und 11 % Muslime. Quelle: Der Fischer Weltalmanach 1996, Frankfurt/M. 1995, Sp. 325.

90 Heinrich Rombach hat die Wirklichkeit der Tiefenstrukturen entdeckt und als erster die Idee der Tiefenphänomenologie ausgearbeitet; vgl. Rombach, Phänomenologie des gegenwärtigen Bewußtseins, a.a.O., S. 214 ff.; ders., Strukturanthropologie, a.a.O., S. 300 ff. – Die Tiefenstruktur des Hinduismus untergreift diesen zwar, für den einzelnen erscheint sie aber als Höhenstruktur, die ihn übergreift. Vgl. dazu ders., Die Gegenwart der Philosophie: Die Grundprobleme der abendländischen Philosophie und der gegenwärtige Stand des philosophischen Fragens, 3., grundlegend neu berarb. Aufl., Freiburg/München 1988, S. 202 ff.

91 Salman Rushdie, Der Geschichtenerzähler, in: Riemenschneider, Shiva tanzt, a.a.O., S. 220–222; hier S. 220 f.

92 Vgl. dazu Walter Benjamin, Der Erzähler: Betrachtungen zum Werk Nikolai Leskows, in: ders., Illuminationen: Ausgewählte Schriften 1, Frankfurt/M. 1977, S. 385–410.

93 Vgl. Georg von Simson, IV. Literaturen und Metrik: A. Veda, Epos, Purana, klassische Kunstdichtung, Spruchdichtung, didaktische und Erzählungsliteratur, in: Heinz Bechert/Georg von Simson (Hg.), Einführung in die Indologie: Stand, Methoden, Aufgaben, 2., durchges., erg. und erw. Aufl., Darmstadt 1993, S. 49–66; hier S. 57.

94 Siehe Mahabharata: Indiens großes Epos, aus dem Sanskrit übers. und zusammengefaßt von Biren Roy, München 1961.

95 Bhagavad-Gita, a.a.O., S. 56.

96 Ebenda, S. 57.

97 Ebenda, S. 60.

98 Ebenda, S. 61.

99 Ebenda.

100 Zit. nach: Die Bhagavadgita, Sanskrittext mit Einleitung und Kommentar von S. Radhakrishnan, Baden-Baden 1958, S. 13.

101 Ebenda, S. 90.

102 Mysore Hiriyanna, Vom Wesen der indischen Philosophie, München 1990, S. 50.

103 Heinrich von Stietencron, Hinduismus, a.a.O., S. 347.

104 Siehe dazu auch Paul Hacker, Dharma im Hinduismus, in: Zeitschrift für Missionswissenschaft und Religionswissenschaft 49, 1965, S. 93–106.

105 Vgl. Wilhelm Halbfass, Indien und Europa: Perspektiven ihrer geistigen Begegnung, Basel/Stuttgart 1981, S. 358; vgl. dazu auch Paul Hacker, Der Dharmabegriff des Neuhinduismus, in: Zeitschrift für Missionswissenschaft und Religionswissenschaft 42, 1958, S. 1–15.

106 Hans-Joachim Klimkeit, Der politische Hinduismus: Indische Denker zwischen religiöser Reform und politischem Erwachen, Wiesbaden 1981, S. 55.

107 Vgl. Hacker, Dharma im Hinduismus, a.a.O., S. 95.

108 Peter Schreiner, Hinduismus, in: Emma Brunner-Traut (Hg.), Die fünf großen Weltreligionen: Islam, Judentum, Buddhismus, Hinduismus, Christentum, Freiburg/Br. 1991, S. 19–37, hier S. 26.

109 Bhagavad-Gita, a.a.O., S. 72.

110 Siehe Valmiki, Ramayana: Die Geschichte vom Prinzen Rama, der schönen Sita und dem Großen Affen Hanuman, München 1981.

111 Bhagavad-Gita, a.a.O., S. 95.

112 Diese Dreiheit von Brahma, Vishnu und Shiva wird vor allem von Hindus oft verglichen mit der christlichen Trinität (Vater, Sohn und Heiliger Geist), wobei dann auf die Geistesverwandtschaft beider Religionen abgehoben wird.

113 Eckard Schleberger, Die indische Götterwelt: Gestalt, Ausdruck und Sinnbild: Ein Handbuch der hinduistischen Ikonographie, Köln 1986, S. 53.

114 Ebenda, S. 87.

115 Ebenda, S. 99.

116 Diana L. Eck, Banaras: Stadt des Lichts, Frankfurt/M. 1989, S. 130–132.

117 Zit. nach Klaus Klostermeier, Hinduismus, Köln 1965, S. 101 f.

118 Mircea Eliade, Yoga: Unsterblichkeit und Freiheit, Zürich 1960, S. 11 f.

119 Vgl. dazu auch Ram Adhar Mall/Heinz Hülsmann, Die drei Geburtsorte der Philosophie: China, Indien, Europa, Bonn 1989.

120 Bhagavad-Gita, a.a.O., S. 76 f.

121 Vgl. Glasenapp, Die Philosophie der Inder, a.a.O., S. 209.

122 Eliade, Yoga, a.a.O., S. 55 f.

123 Eine genauere Erläuterung der ersten beiden Glieder findet sich bei: Martin Mittwede, Universalethische Aspekte im klassischen Yoga, in: EU – Ethik & Unterricht: Die Zeitschrift für das Unterrichtsfach Ethik/Werte und Normen, 3. Jg., 1/1992, S. 2–7.

124 Eliade, Yoga, a.a.O., S. 104.

125 Glasenapp, Die Philosophie der Inder, a.a.O., S. 162.

126 Vgl. für die Philosophie Shankaras Helmuth von Glasenapp, Der Stufenweg zum Göttlichen: Shankaras Philosophie der All-Einheit, Baden-Baden 1948. Wie die Advaita-Vedanta-Lehre auf die Herausforderungen der Moderne anzuwenden ist, untersucht der indische Philosoph Rewati Raman Pandey, Scientific Temper and Advaita Vedanta, Varanasi 1991.

127 Vgl. Bhagavadgita: Der vollständige Text mit dem Kommentar Shankaras, München 1989.

128 Siehe z. B. Sigrid Hunke, Allahs Sonne über dem Abendland: Unser arabisches Erbe, Stuttgart 1960.

129 Vgl. dazu Marla Stukenberg, Die Sikhs: Religion, Geschichte, Politik, München 1995.

130 Heinrich von Stietencron, Geplanter Synkretismus: Kaiser Akbars Religionspolitik, in: Peter Antes/Donate Pahnke (Hg.), Die Religion von Oberschichten: Religion, Profession, Intellektualismus, Marburg 1989, S. 53–72.

131 Ebenda, S. 54.

132 Siehe D. S. Sharma, Studies in the Renaissance of Hinduism in the Nineteenth and Twentieth Centuries, Varanasi 1944. Vgl. zum »Neohinduismus« auch J. N. Farquhar, Modern Religious Movements in India, New York 1919; Helmuth von Glasenapp, Religiöse Reformbewegungen im heutigen Indien, Leipzig 1928; Otto Wolf, Die religiöse Aktivität des modernen Hinduismus, in: Zeitschrift für Religions- und Geistesgeschichte, X. Jg., 1958, S. 299–316; Peter Antes, Das Neue im modernen Hinduismus, in: Zeitschrift für Missionswissenschaft und Religionswissenschaft, 57. Jg., 1973, S. 99–116; Norbert Klaes, Hindu Reformer und Reformbewegungen der Neuzeit, in: studia missionalis, Bd. 34, 1985, S. 141–179.

133 Siehe dazu auch Peter Antes, Christus und Christentum in der Sicht der großen Weltreligionen, in: Theologie und Philosophie, Bd. 51, 1976, S. 385–396 (insbesondere »II. Der Hinduismus«, S. 388–394).

134 F. Max Müller, Damals und Jetzt, in: Deutsche Rundschau, hrsg. von Julius Rodenberg, Bd. XLI, Berlin 1884, S. 414–423, hier S. 419.

135 Siehe dazu Reinhart Hummel, Indische Mission und neue Frömmigkeit im Westen: Religiöse Bewegungen Indiens in westlichen Kulturen, Stuttgart/Berlin/Köln/Mainz 1980; Frank Usarski, Hinduistische und buddhistische Strömungen in Deutschland – Ein historischer Überblick, in: Eckard Lade (Hg.), Christliches ABC heute und morgen: Handbuch für Lebensfragen und Kirchliche Erwachsenenbildung, Ergänzungslieferung Nr. 6/1991, Mission, Gruppe 4, S. 33–47; ders., Asiatische Religiosität als alternativkulturelles Phänomen: Überlegungen zu Bedingungen der Rezeption östlichen Gedankenguts im Kontext einer säkularisierten Umwelt, in: K. Rudolph/G. Rischede (Hg.), Geographia Religiorum: Interdisziplinäre Schriftreihe zur Religionsgeographie, Bd. 6: Beiträge zur Religion/Umwelt-Forschung I, Erster Tagungsband des Inter-

disziplinären Symposiums in Eichstätt 5.–8. Mai 1988, Berlin 1989, S. 87–101.

136 Vgl. dazu Farquhar, Modern Religious Movements in India, a.a.O., S. 38.

137 Heinrich von Stietencron, Hinduismus, a.a.O., S. 353.

138 Schreiner, Begegnung mit dem Hinduismus, a.a.O., S. 38.

139 Z.B. von Reinhart Hummel, Fundamentalismus in Indien und im Islam, in: Hansjörg Hemminger (Hg.), Fundamentalismus in der verweltlichten Kultur, Stuttgart 1991, S. 17–65, hier S. 26.

140 Vgl. Vishwanath S. Naravane, Modern Indian Thought, Delhi 1978, S. 51.

141 Romain Rolland, Vivekananda, Erster Halbband: Das Leben des Vivekananda, Zweiter Halbband: Ramakrishnas und Vivekanandas Universales Evangelium, Zürich/Stuttgart 1965, S. 99f.; siehe des weiteren Solange Lemaître, Ramakrishna, Reinbek 1963.

142 Siehe Sri Ramakrishna, Ein Werkzeug Gottes sein: Gespräche mit seinen Schülern, aus dem Bengalischen übers., ausgewählt und eingeleitet von Martin Kämpchen, Zürich 1988, S. 178; vgl. auch ders., Setze Gott keine Grenzen: Gespräche des indischen Heiligen mit seinen Schülern, aus dem Bengalischen übers., ausgewählt und eingeleitet von Martin Kämpchen, Freiburg/Br. 1984.

143 Martin Kämpchen, Einleitung, in: Sri Ramakrishna, Ein Werkzeug Gottes sein, a.a.O., S. 27.

144 Wilhelm Halbfass, Indien und Europa: Perspektiven ihrer geistigen Begegnung, Basel/Stuttgart 1981, S. 259.

145 Die Zeitung *The New York Herald* kommentierte damals: »Vivekananda is undoubtedly the greatest figure in the Parliament of Religions. After hearing him we feel how foolish it is to send missionaries to this learned nation.« (Zit. nach Farquhar, Modern Religious Movements, a.a.O., S. 202).

146 Zit. nach Schreiner, Begegnung mit dem Hinduismus, a.a.O., S. 14 (übers. nach Swami Vivekananda, Complete Works, Bd. I, S. X).

147 Swami Vivekananda, Vedanta: Der Ozean der Weisheit, 2. Aufl., Bern 1992, S. 95.

148 Ebenda, S. 67.

149 Vgl. Paul Hacker, Der religiöse Nationalismus Vivekanandas, in: Evangelische Missionszeitschrift 28 (1971); wiederabgedruckt in:

ders., Kleine Schriften, hrsg. von Lambert Schmidthausen, Wiesbaden 1978, S. 565–579.

150 Klimkeit, Der politische Hinduismus, a.a.O., S. 273.

151 Zur Einführung in Leben und Werk siehe Martin Kämpchen, Rabindranath Tagore, Reinbek 1992.

152 Siehe auch Rabindranath Tagore, Die Religion des Menschen, Freiburg/Br. 1962.

153 Mohandas Karamchand Gandhi, Eine Autobiographie oder Die Geschichte meiner Experimente mit der Wahrheit, Gladenbach 1991, S. 147. Siehe des weiteren zu Gandhis Leben z. B. Dietmar Rothermund, Mahatma Gandhi: Der Revolutionär der Gewaltlosigkeit. Eine politische Biographie, München 1989; Louis Fischer, Gandhi: Prophet der Gewaltlosigkeit, München 1983; Heimo Rau, Gandhi, Reinbek 1970.

154 Upanischaden, a.a.O., S. 21.

155 Ebenda.

156 Heidegger, Sein und Zeit, a.a.O., S. 219 ff. Siehe dazu auch ders., Zur Sache des Denkens, 3. Aufl., Tübingen 1988, S. 76 ff.

157 Upanischaden, a.a.O., S. 3.

158 Klimkeit, Der politische Hinduismus, a.a.O., S. 293.

159 Zit. nach Schreiner, Begegnung mit dem Hinduismus, a.a.O., S. 19 f. (übers. nach M.K. Gandhi, Collected Works, Bd. 21, S. 246; Äußerung vom 6. 10. 1921); vgl. dazu M.K. Gandhi, Hindu Dharma, Delhi 1978, S. 9 ff.

160 Vgl. dazu Jürgen Lütt, Mahatma Gandhis Kritik an der modernen Zivilisation, in: Saeculum: Jahrbuch für Universalgeschichte, Bd. 37, 1986, S. 96–112.

161 Vgl. Alphons van Dijk, Europäische Einflüsse auf das Denken Sri Aurobindos, in: Zeitschrift für Mission, IV. Jg., 1978, S. 150–163.

162 Siehe allgemein zu Leben und Werk: Otto Wolff, Sri Aurobindo, Reinbek 1967.

163 Sri Aurobindo, Der integrale Yoga, Hamburg 1957, S. 13.

164 Ebenda, S. 13.

165 Ebenda, S. 15.

166 Ebenda, S. 19.

167 Vgl. dazu Otto Wolf, Mensch und Übermensch bei Shri Aurobindo, in: Zeitschrift für Religions- und Geistesgeschichte, IX. Jg., 1957,

S. 41–55; und ders., Der Supramentale Übermensch nach Sri Aurobindos »Integralem Yoga«, in: Ernst Benz (Hg.), Der Übermensch: Eine Diskussion, Stuttgart/Zürich 1961, S. 197–230.

168 Aurobindo, Der integrale Yoga,, a.a.O., S. 23.

169 Ebenda, S. 22.

170 Sri Aurobindo, Das Göttliche Leben, Erstes Buch, Gladenbach 1974, S. 14.

171 Ebenda, S. 19.

172 Ebenda, S. 45.

173 Vgl. Rombach, Der Ursprung, a.a.O., S. 53 ff.

174 Aurobindo, Das Göttliche Leben, a.a.O., S. 15.

175 Vgl. dazu Rombach, Strukturanthropologie, a.a.O., S. 205 ff.

176 Vgl. Helmut Gross, System oder Struktur? Zu einer Luhmann/Rombach-Diskussion, in: Philosophisches Jahrbuch, 96. Jg., 1989, S. 95–114; sowie Heinrich Rombach, Struktur und System, in: Philosophisches Jahrbuch, 97. Jg., 1990, S. 182–185.

177 Sarvepalli Radhakrishnan, Meine Suche nach Wahrheit, Gütersloh 1961, S. 11 f.

178 Albert Schweitzer, Die Weltanschauung der indischen Denker: Mystik und Ethik (Nachdr. der 3., auf Grund der engl. Ausg. von 1935 neugefaßten Ausg. 1965), München 1987, S. 1.

179 S. Radhakrishnan, Die Gemeinschaft des Geistes: Östliche Religion und westliches Denken, Darmstadt/Genf 1952, S. 79.

180 Ebenda, S. 90.

181 S. Radhakrishnan, Die Lebensanschauung des Hindu, Leipzig 1928, S. 11.

182 Ebenda.

183 Ebenda, S. 75.

184 Schreiner, Begegnung mit dem Hinduismus, a.a.O., S. 26 f.

185 Hermann Kulke/Dietmar Rothermund, Geschichte Indiens, Stuttgart/Berlin/Köln/Mainz 1982, S. 304.

186 Ebenda, S. 329.

187 Ebenda.

188 Darauf bezieht sich der Buchtitel von Larry Collins/Dominique Lapierre, Gandhi: Um Mitternacht die Freiheit, München 1976; siehe auch den Roman von Salman Rushdie, Mitternachtskinder, München 1983, in dem das Schicksal der Menschen beschrieben

wird, die auf die Stunde genauso alt sind wie die Indische Union und die deshalb auch dasselbe erleiden.

189 8,5 Millionen Hindus und Sikhs flohen 1947 von Pakistan nach Bharat und 6,8 Millionen Muslime von Bharat nach Pakistan. Infolge der Abspaltung Bangladeshs von Pakistan migrierten erneut etwa 10 Millionen Menschen nach Indien. (Quelle: Peter J. Opitz, Das Weltflüchtlingsproblem im 20. Jahrhundert, in: ders. (Hg.), Weltprobleme, 3. Aufl., Bonn 1990, S. 361–408, hier S. 361, 383.)

190 Vgl. Khalid Duran, Die Muslime und die Andersgläubigen, in: Peter Antes u. a., Der Islam: Religion, Ethik, Politik, Stuttgart/Berlin/Köln/Mainz 1991, S. 125–152, hier S. 133.

191 Vgl. für die Folgen der Zerstörung bezüglich Hindus in Bangladesh den Roman-Bericht von Taslima Nasrin, Scham/Lajja, Hamburg 1995.

192 Heinz Halm, Ist der Islam fundamentalistisch?, in: ru: Zeitschrift für die Praxis des Religionsunterrichts, 22. Jg., 1992, S. 118–121, hier S. 118.

193 Peter Antes, Religiöser Fundamentalismus, in: Uwe Hartmann/Christian Walther (Hg.), Der Soldat in einer Welt im Wandel: Ein Handbuch für Theorie und Praxis, München/Landsberg am Lech 1995, S. 54–60, hier S. 55.

194 Auch die christliche Theologie zeigt sich bestürzt – siehe Ernst Pulsfort, Was ist los in der indischen Welt? Das Drama auf dem indischen Subkontinent, Freiburg/Br. 1993.

195 Karl R. Popper, Die offene Gesellschaft und ihre Feinde, 2 Bde., 7. Aufl., Tübingen 1992.

196 Rombach, Phänomenologie des sozialen Lebens, a.a.O., S. 273.

197 Ebenda, S. 273 f.; weiter schreibt er: »Und genau diese schlimmste Form von Geschlossenheit ist das, was uns Sir Karl Popper im Brustton der Überzeugung als das offenste, rationalste und menschlichste System der Gesellschaft empfiehlt.«

198 Ders., Strukturanthropologie, a.a.O., S. 122.

199 Niklas Luhmann, Beobachtungen der Moderne, Opladen 1992, S. 14–16.

200 Odo Marquard, Zeitalter der Weltfremdheit? Beitrag zur Analyse der Gegenwart, in: ders., Apologie des Zufälligen: Philosophische Studien, Stuttgart 1986, S. 76–97, hier S. 82.

201 Ebenda, S. 77.

202 Ebenda, S. 78.

203 Ebenda, S. 76 f.

204 Thomas Meyer, Fundamentalismus: Aufstand gegen die Moderne, Reinbek 1989.

205 Stephan H. Pfürtner, Fundamentalismus: Die Flucht ins Radikale, Freiburg/Br. 1991.

206 Martin Riesebrodt, Fundamentalismus als patriarchalische Protestbewegung: amerikanische Protestanten (1910–28) und iranische Schiiten (1961–79) im Vergleich, Tübingen 1990.

207 Vgl. zu diesem Thema Hans Bakker, Ayodhya: A Hindu Jerusalem. An Investigation of ›Holy War‹ as a Religious Idea in the Light of Communal Unrest in India, in: Numen: International Review for the History of Religions, Bd. XXXVIII, 1991, S. 80–109; Andreas Becke, Fundamentalismus in Indien? Säkularismus und Kommunalismus am Beispiel von Ayodhya, in: Zeitschrift für Missionswissenschaft und Religionswissenschaft, 78. Jg., 1994, S. 3–24; Koenraad Elst, Ram Janmabhommi vs. Babri Masjid: A Case Study in Hindu-Muslim Conflict, New Delhi 1990; Daniel Gold, Organized Hinduisms: From Vedic truth to Hindu nation, in: Martin E. Marty/R. Scott Appleby, Fundamentalisms observed, Chicago/London 1991, S. 531–593; Christophe Jaffrelot, Le nationalisme hindou: de la construction idéologique à la mobilisation politique, in: Gilles Kepel (Hg.), Les politiques de Dieu, Paris 1993, S. 223–264; Jürgen Lütt, Der Hinduismus auf der Suche nach einem Fundament, in: Hermann Kochanek (Hg.), Die verdrängte Freiheit: Fundamentalismus in den Kirchen, Freiburg/Basel/Wien 1991, S. 218–239; Klaus Voll, Fundamentalistische Tendenzen unter Hindus und Moslems in Indien, in: Thomas Meyer (Hg.), Fundamentalismus in der modernen Welt: Die Internationale der Unvernunft, Frankfurt/M. 1989, S. 155–192; Christian Wagner, Kommunalismus in Indien: Die Entstehung und innenpolitische Bedeutung des Hindu-Muslim-Gegensatzes, in: Asien, Juli 1992, S. 59–74; sowie das ganze Doppelheft mit dem Themenschwerpunkt des Konfliktes um Ayodhya: Internationales Asienforum, Bd. 25, 1994, Nr. 3–4.

208 Dietmar Rothermund, Indische Geschichte in Grundzügen, 2. Aufl., Darmstadt 1986, S. 93; vgl. dazu auch ders., Der Traditionalismus

als Forschungsgegenstand für Historiker und Orientalisten, in: Saeculum: Jahrbuch für Universalgeschichte, Bd. 40, 1989, S. 142–148.

209 Salman Rushdie, Heimatländer der Phantasie: Essays und Kritiken 1981–1991, München 1992, S. 42.

210 Ebenda, S. 47.

211 Salman Rushdie, Des Mauren letzter Seufzer, München 1996.

212 So wörtlich in einem Gespräch mit der *Frankfurter Rundschau*, 19. 8. 1995, S. ZB 2.

213 Vgl. Paul Hacker, Religiöse Toleranz und Intoleranz im Hinduismus, in: Saeculum: Jahrbuch für Universalgeschichte, Bd. 8, 1957, S. 167–179.

214 Vgl. für die aus dem Systemdenken hervorgehenden Konflikte Heinrich Rombach, Drachenkampf. Der philosophische Hintergrund der blutigen Bürgerkriege, Freiburg/Br. 1996.

Literaturhinweise

Antes, Peter, Die Botschaft fremder Religionen: Hinduismus, Buddhismus, Islam, Mainz 1981.

Bareau, André/Schubring, Walther/Fürer-Haimendorf, Christoph von, Die Religionen Indiens: III. Buddhismus, Jainismus, Primitivvölker (= Die Religionen der Menschheit, Bd. 13), Stuttgart 1964.

Bechert, Heinz/Simson, Georg von (Hg.), Einführung in die Indologie: Stand, Methoden, Aufgaben, 2., durchges., erg. und erw. Aufl., Darmstadt 1993.

Bhagavad-Gita: Wege und Weisungen, übers. und eingeleitet von Peter Schreiner, Zürich 1991.

Brockington, J. L., The Sacred Thread: Hinduism in its Continuity and Diversity, Edinburgh 1981.

Conze, Edward, Buddhistisches Denken: Drei Phasen buddhistischer Philosophie in Indien, Frankfurt/M. 1988.

Dasgupta, Surendranath, A History of Indian Philosophy, Bd. I–V, Cambridge 1922.

Dumont, Louis M., Gesellschaft in Indien: Die Soziologie des Kastenwesens, Wien 1976.

Eck, Diana L., Banaras: Stadt des Lichts, Frankfurt/M. 1989.

Eliade, Mircea, Yoga: Unsterblichkeit und Freiheit, Frankfurt/M. 1985.

Farquhar, John Nicol, Modern Religious Movements in India, New York 1919 (Reprint 1980).

Frauwallner, Erich, Geschichte der indischen Philosophie, 2 Bde., Salzburg 1953/56.

Ders., Die Philosophie des Buddhismus, 4. Aufl., Berlin 1994.

Fuller, Christopher John, The camphor flame: popular Hinduism and society in India, Princeton 1992.

Glasenapp, Helmuth von, Der Hinduismus: Religion und Gesellschaft im heutigen Indien, München 1922 (Nachdruck Hildesheim/New York 1978).

Ders., Die Philosophie der Inder: Eine Einführung in ihre Geschichte und ihre Lehren, Stuttgart 1985.

Gonda, Jan, Die Religionen Indiens: I. Veda und älterer Hinduismus (= Die Religionen der Menschheit, Bd. 11), 2. überarb. u. erg. Aufl., Stuttgart 1978.

Ders., Die Religionen Indiens: II. Der jüngere Hinduismus (= Die Religionen der Menschheit, Bd. 12), Stuttgart 1963.

Gutschow, Niels/Michaels, Axel, Benares: Tempel und religiöses Leben in der heiligen Stadt der Hindus, Köln 1993.

Halbfass, Wilhelm, Indien und Europa: Perspektiven ihrer geistigen Begegnung, Basel/Stuttgart 1981.

Hasenfratz, Hans-Peter, Der indische Weg: Die Spiritualität eines Kontinents entdecken, Freiburg/Br. 1994.

Hiriyanna, Mysore, Vom Wesen der indischen Philosophie, München 1990.

Hopkins, Thomas J., The Hindu Religious Tradition, Belmont, California, 1971.

Jaffrelot, Christophe, Les nationalistes hindous: Idéologie, implantation et mobilisation des années 1920 aux années 1990, Paris 1993.

Jain, Girilal, The Hindu Phenomenon, Delhi 1994.

Kakar, Sudhir, Kindheit und Gesellschaft in Indien: Eine psychoanalytische Studie, Frankfurt/M. 1988.

Kantowsky, Detlef, Bilder und Briefe aus einem indischen Dorf: Rameshvar 1965–1985, Frankfurt/M./New York 1986.

Keilhauer, Anneliese und Peter, Bildsprache des Hinduismus: Die Götterwelt und ihre Symbolik, Köln 1983.

Klimkeit, Hans-Joachim, Der politische Hinduismus: Indische Denker zwischen religiöser Reform und politischem Erwachen, Wiesbaden 1981.

Kinsley, David, Indische Göttinnen: Weibliche Gottheiten im Hinduismus, Frankfurt/M. 1990.

Kulke, Hermann/Rothermund, Dietmar, Geschichte Indiens, Stuttgart/Berlin/Köln/Mainz 1982.

Lipner, Julius, Hindus: Their Religious Beliefs and Practices, London 1994.

Michaels, Axel, Ritual und Gesellschaft in Indien: Ein Essay, mit Photos von Niels Gutschow, Frankfurt/M. 1986.

Michell, George, Der Hindu-Tempel: Baukunst einer Weltreligion (überarb. Ausg.), Köln 1991.

Misra, R. S., Hinduism and Secularism: A Critical Study, Delhi 1996.

Radhakrishnan, Sarvepalli, Indische Philosophie, Bd. I: Von den Veden bis zum Buddhismus, Bd. II: Die Systeme des Brahmanismus, Darmstadt/Baden-Baden/Genf 1955/56.

Renou, Louis, L' Hindouisme (= Que sais-je? Nr. 475), Paris 1951.

Riemenschneider, Dieter (Hg.), Shiva tanzt: Das Indien-Lesebuch, Zürich 1986.

Ross, Thomas, Der Tod des heiligen Baumes: Bericht aus dem innersten Indien, München/Wien 1991.

Rothermund, Dietmar (Hg.), Indien: Kultur, Geschichte, Politik, Wirtschaft, Umwelt. Ein Handbuch, München 1995.

Schimmel, Annemarie, Der Islam im indischen Subkontinent, Darmstadt 1983.

Schleberger, Eckard, Die indische Götterwelt: Gestalt, Ausdruck und Sinnbild. Ein Handbuch der hinduistischen Ikonographie, Köln 1986.

Schneider, Ulrich, Einführung in den Hinduismus, Darmstadt 1989.

Schreiner, Peter, Begegnung mit dem Hinduismus: Eine Einführung, Freiburg/Br. 1984.

Schumann, Hans Wolfgang, Der historische Buddha: Leben und Lehre des Gotama, München 1982.

Ders., Buddhismus: Stifter, Schulen und Systeme, Olten 1976.

Sharma, Arvind, A Hindu Perspective on the Philosophy of Religion, Basingstoke 1990.

Sontheimer, Günther D./Kulke, Hermann (Hg.), Hinduism Reconsidered, Delhi 1989.

Stietencron, Heinrich von, Hinduistische Perspektiven, in: Küng, Hans/Ess, Josef van/Stietencron, Heinrich von/Bechert, Heinz, Christentum und Weltreligionen: Hinführung zum Dialog mit Islam, Hinduismus und Buddhismus, München 1984.

Stutley, Margaret, Was ist Hinduismus? Eine Einführung in die große Weltreligion, Bern/München/Wien 1994.

Zaehner, Robert Charles, Der Hinduismus: Seine Geschichte und seine Lehre, München 1964.

Zimmer, Heinrich, Philosophie und Religion Indiens, Frankfurt/M. 1973.

Ders., Indische Mythen und Symbole: Vishnu, Shiva und das Rad der Wiedergeburten, München 1981.

Zeittafel

ca. 2700–1700 v. Chr.	Induskultur.
um 1200	Seßhaftwerdung der Arier.
1200–600	Vedische Zeit.
800–500	Upanishaden.
um 500	Buddha.
327–325	Alexander in Nordwestindien.
ca. 268–233	Kaiser Ashoka.
ca. 400 v. Chr.–200 n. Chr.	Ramayana.
ca. 400 v. Chr.–400 n. Chr.	Mahabharata.
780–820 n. Chr.	Shankara.
711	Araber erobern den Sind.
zwischen 1000 u. 1200	Verschwinden des Buddhismus in Indien.
1206–1347	Sultanat Delhi.
1469–1526	Guru Nanak.
1498	Vasco da Gama entdeckt den Seeweg um Afrika und landet in Indien.
1510	Portugiesen erobern Goa.
1526–1707	Mogul-Herrschaft (Babur 1526–30, Humajun 1555–56, Akbar 1556–1605, Jahangir 1605–1627, Shajahan 1628–58, Aurangzeb 1658–1707).
1600	Gründung der British East India Company.
1772–1833	Ram Mohan Roy.
1817–1905	Debendranath Tagore.
1824–1883	Dayananda Sarasvati.
1828	Gründung des Brahmo Samaj.
1829	Verbot der Witwenverbrennung.
1836–1886	Ramakrishna.
1838–1884	Keshab Chandra Sen.

1849–1874	Rig-Veda erscheint in England als erste vollständige gedruckte Ausgabe.
1857	Aufstand *(mutiny)* indischer Soldaten der britisch-indischen Armee.
1858	Auflösung der British East India Company und Übernahme der direkten Herrschaft durch die britische Krone.
1861–1941	Rabindranath Tagore.
1863–1902	Vivekananda.
1869–1948	Gandhi.
1872–1950	Aurobindo.
1875	Gründung des Arya Samaj.
1877	Königin Viktoria läßt sich zur Kaiserin von Indien krönen.
1885	Gründung des Indian National Congress.
1888–1975	Radhakrishnan.
1893	Vortrag von Vivekananda auf dem Weltparlament der Religionen in Chicago.
1897	Gründung der Ramakrishna-Mission.
1906	Gründung der Muslim League.
1913	R. Tagore erhält den Nobelpreis für Literatur.
1930	Gandhis Salzmarsch.
14./15. 8. 1947	Teilung und Unabhängigkeit Indiens; Beginn des Kashmirkonflikts; erster indisch-pakistanischer Krieg.
30. 1. 1948	Ermordung Gandhis durch einen fanatischen Hindu.
1949	Waffenstillstand und Teilung Kashmirs.
1961	Radhakrishnan erhält den Friedenspreis des Deutschen Buchhandels.
1965	Zweiter indisch-pakistanischer Krieg.
1971	Dritter indisch-pakistanischer Krieg und Unabhängigkeit Bangladeshs.
6. 12. 1992	Hindus zerstören in Ayodhya eine Moschee.

Andreas Becke, geb. 1966, Studium der Philosophie, Soziologie und Religionswissenschaft an der Universität Hannover und an der Banaras Hindu University in Varanasi/Indien, M.A. 1994; seit 1996 Wissenschaftlicher Mitarbeiter am Seminar für Religionswissenschaft der Universität Hannover. – Veröffentlichung: *Fundamentalismus in Indien? Säkularismus und Kommunalismus am Beispiel von Ayodhya*, in: *Zeitschrift für Missionswissenschaft und Religionswissenschaft*, 78. Jg., 1994, S. 3–24.

In der Reihe »Zur Einführung« bisher im Junius Verlag erschienen:

Theodor W. Adorno
von Gerhard Schweppenhäuser

Günther Anders
von Konrad Paul Liessmann

Karl-Otto Apel
von Walter Reese-Schäfer

Hannah Arendt
von Karl-Heinz Breier

Roland Barthes
von Gabriele Röttger-Denker

Bataille
von Peter Wiechens

Baudrillard
von Falko Blask

Beckett
von Friedhelm Rathjen

Bergson
von Gilles Deleuze

Bloch
von Detlef Horster

Hans Blumenberg
von Franz Josef Wetz

Bourdieu
von Markus Schwingel

Martin Buber
von Siegbert Wolf

Edmund Burke
von Robert Zimmer

Elias Canetti
von Dagmar Barnouw

Ernst Cassirer
von Heinz Paetzold

E.M. Cioran
von Richard Reschika

Donald Davidson
von Kathrin Glüer

Derrida
von Heinz Kimmerle

John Dewey
von Martin Suhr

Diderot
von Ralph-Rainer Wuthenow

Dilthey
von Matthias Jung

Umberto Eco
von Dieter Mersch

Norbert Elias
von Ralf Baumgart
und Volker Eichener

In der Reihe »Zur Einführung« bisher im Junius Verlag erschienen:

Foucault
von Hinrich Fink-Eitel

Paulo Freire
von Dimas Figueroa

Freud
von Hans-Martin Lohmann

Anna Freud
von Rolf Denker

Friedlaender (Mynona)
von Peter Cardorff

Habermas
von Detlef Horster

Heidegger
von Günter Figal

Heinrich Heine
von Ralf Schnell

Thomas Hobbes
von Wolfgang Kersting

Hölderlin
von Henning Bothe

Horkheimer
von Willem van Reijen

Husserl
von Peter Prechtl

William James
von Rainer Diaz-Bone
und Klaus Schubert

Jaspers
von Werner Schü·ler

Uwe Johnson
von Stefanie Golisch

Hans Jonas
von Franz Josef Wetz

C. G. Jung
von Micha Brumlik

Kafka
von Wiebrecht Ries

Kant
von Jean Grondin

Kierkegaard
von Konrad Paul Liessmann

Lawrence Kohlberg
von Detlef Garz

Alexandra Kollontai
von Gabriele Raether

Kracauer
von Gertrud Koch

Julia Kristeva
von Inge Suchsland

In der Reihe »Zur Einführung« bisher im Junius Verlag erschienen:

Kropotkin
von Heinz Hug

Lacan
von Gerda Pagel

Gustav Landauer
von Siegbert Wolf

Lao-tzu
von Florian C. Reiter

Lévinas
von Bernhard H.F. Taureck

Lévi-Strauss
von Edmund Leach

Karl Liebknecht
von Ossip K. Flechtheim

John Locke
von Walter Euchner

Luhmann
von Walter Reese-SchÑfer

Rosa Luxemburg
von Ossip K. Flechtheim

Lyotard
von Walter Reese-Schäfer

Machiavelli
von Quentin Skinner

Karl Mannheim
von Wilhelm Hofmann

Herbert Marcuse
von Hauke Brunkhorst
und Gertrud Koch

Marx
von Ossip K. Flechtheim
und Hans-Martin Lohmann

George Herbert Mead
von Harald Wenzel

Montaigne
von Peter Burke

Montesquieu
von Michael Hereth

Franz Neumann
von Alfons Söllner

Nietzsche
von Wiebrecht Ries

Novalis
von Berbeli Wanning

Blaise Pascal
von Eduard Zwierlein

Jean Piaget
von Ingrid Scharlau

In der Reihe »Zur Einführung« bisher im Junius Verlag erschienen:

John Rawls
von Wolfgang Kersting

Wilhelm Reich
von Martin Konitzer

Karl Renner
von Anton Pelinka

Paul Ricour
von Jens Mattern

Richard Rorty
von Detlef Horster

Otto Rühle
von Henry Jacoby
und Ingrid Herbst

Sartre
von Martin Suhr

Saussure
von Peter Prechtl

Friedrich W.J. Schelling
von Franz Josef Wetz

Carl Schmitt
von Reinhard Mehring

Schopenhauer
von Wolfgang Korfmacher

Georg Simmel
von Werner Jung

Sohn-Rethel
von Steffen Kratz

Sorel
von Larry Portis

Spinoza
von Helmut Seidel

Rudolf Steiner
von Gerhard Wehr

Tocqueville
von Michael Hereth

Trotzki
von Heinz Abosch

Max Weber
von Volker Heins

Simone Weil
von Heinz Abosch

Peter Weiss
von Stefan Howald

Carl Friedrich von Weizsäcker
von Michael Drieschner

Alfred North Whitehead
von Michael Hauskeller

Wittgenstein
von Chris Bezzel

In der Reihe »Zur Einführung« bisher im Junius Verlag erschienen:

Virginia Woolf
von Vera und Ansgar Nünning

Europäische Mystik
von Gerhard Wehr

Hinduismus
von Andreas Becke

Die Sophisten
von Bernhard H.F. Taureck

Die Vorsokratiker
von Carl-Friedrich Geyer